명쾌, 상쾌, 유쾌한
우종철의 네트워크마케팅 성공시스템

명쾌, 상쾌, 유쾌한
우종철의 네트워크마케팅 성공시스템

우종철 지음

2025년 12월 5일 초판 발행

펴낸이 홍윤돈 | 펴낸곳 도서출판 유토피아북
등 록 : 제321-2009-000036호
주 소 : 서울특별시 구로구 부광로 88(항동, SK V1 센터) B동 421호
전 화 : 070-5057-5451 | 팩스 02-566-0979
담당자 : 010-8310-0328
이메일 : hongyd4@naver.com
홈페이지 : www.nexteconomy.co.kr

책디자인 최효섭
교정교열 고시계사

ⓒ우종철

ISBN 978-89-964323-9-5 (03320)

이 도서의 국립중앙도서관 출판예정도서목록(CIP)은 서지정보유통지원시스템 홈페이지(http://seoji.nl.go.kr)와
국가자료공동목록시스템(http://www.nl.go.kr/kolisnet)에서 이용하실 수 있습니다.
(CIP제어번호 : CIP2019043965)

명품 네트워커의 탄생을 기대하며

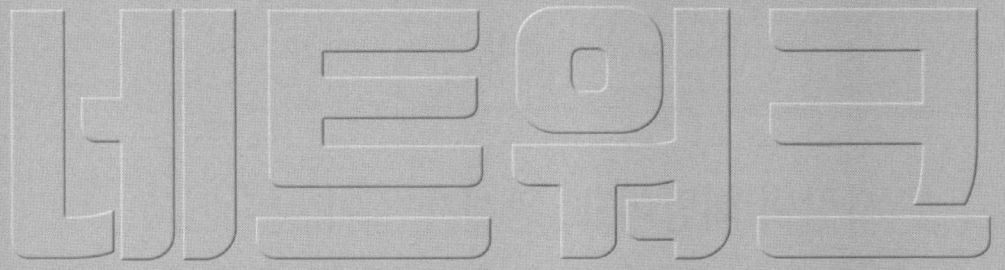

명쾌, 상쾌, 유쾌한
우종철의
네트워크마케팅
성공시스템

우종철 지음

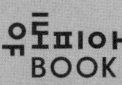

유토피아
BOOK

사람이 희망이고, 관계가 길이 된다

세상에는 수많은 성공의 공식이 있다.

그러나 그 어떤 이론도 '사람의 진심'을 대신할 수는 없다.

네트워크마케팅은 그 사실을 가장 선명하게 보여주는 산업이다.

이 일의 본질은 단순한 판매나 구조가 아니다.

사람을 이해하고, 함께 성장하며, 신뢰로 연결되는 과정 그 자체이다.

처음 이 길에 들어선 사람들은 종종 묻는다.

"성공하려면 무엇을 해야 합니까?"

그 질문에 대한 해답은 의외로 단순하다.

"사람을 보라. 그리고 자신부터 성장하라."

성공은 단순한 시스템에서 오지 않는다.

시스템은 방향을 제시할 뿐, 사람이 그 길을 걷게 만드는 힘은 마음에

서 나온다.

마음이 따뜻한 리더는 조직을 움직이고,
진심으로 사람을 믿는 리더는 결국 세상을 바꾼다.
이것이 수많은 현장에서, 수많은 리더들의 여정 속에서
반복적으로 증명되어온 진리이다.

이 책은 오랫동안 『넥스트이코노미』에 연재된 우종철 원장님의
칼럼들을 엮은 것이다.
칼럼은 그때그때의 시장 변화와 리더십의 고민, 그리고 시대의 흐름을
담고 있지만, 결국 모든 글의 중심에는 한 가지 메시지가 흐르고 있다.
"성공은 사람의 마음에서 시작된다."
이 단순하지만 본질적인 진리를 잊지 않는다면,
어떤 변화의 시대 속에서도 흔들리지 않을 것이다.

프롤로그

지금 우리는 거대한 전환의 시대에 서 있다.

AI와 디지털 기술이 인간의 역할을 빠르게 대체하고,

관계의 본질마저 변하고 있는 시대—

그러나 역설적으로, 이럴 때일수록

'사람'이라는 가치가 더욱 빛나는 시기이기도 하다.

네트워크마케팅이 단순한 산업을 넘어

'사람 중심의 경제'로 불릴 수 있는 이유가 여기에 있다.

우리가 다루는 것은 제품뿐만이 아니라 사람의 꿈과 신뢰,

그리고 그로부터 피어나는 삶의 변화이기 때문이다.

이 책을 여는 독자에게 전하고 싶은 것은 단 하나의 믿음이다.

성공은 결과가 아니라 '사람을 대하는 태도'에서 시작된다는 것.

하루하루의 만남 속에서 전한 진심,

한마디의 격려, 그리고 꾸준한 책임감이

결국 나 자신을 성장시키고, 조직을 변화시키며,

산업 전체를 더 따뜻하게 만들어간다.

이 책의 글들이 독자의 걸음을 멈추게 하기보다,

조용히 등을 떠밀어주는 바람이 되기를 바란다.

지금의 길을 스스로 사랑하고,

그 길 위에서 더 많은 사람들의 빛이 되어주기를 바란다.

사람이 희망이다.

그리고 관계가 길이 된다.

그 길 위에서 우리는 함께 성장하고, 함께 성공할 것이다.

넥스트이코노미 발행인 홍윤돈

CONTENTS

제 2 부 성 공 / 성공의 길

CONTENTS

제 4부 관계십 / 스폰서, 파트너

리더의 자세

리더십이란 조직이나 집단이 공동의 목표를 달성하도록 구성원들을
이끌고, 그들이 협력하여 함께 이룰 수 없는 성과를 만들어내도록
돕는 행동과 사고방식의 집합체이다.
네트워크마케팅에서 성공한다는 것은 결국 리더가 된다는 것과 같은
의미이다. 그래서 성공을 꿈꾸는 네트워커는 우선 리더의 자세와
리더십으로 가는 지름길을 배워야 한다.

리더십은 리더 자신의 자기계발에서부터 시작해서 조직의 앞에서
솔선수범하는 모습을 보이면서 비전과 동기부여를 하는 것이다.
원칙과 기본에 충실하면서 명확한 목표설정과 조직원들과의 원활한
소통, 공감대 형성, 겸손함, 꾸준함으로 성공모델이 되어야 한다.

자세가 전부다

제 파트너들은 왜 제 말을 잘 안 듣는지 모르겠어요? 사업을 한다고 시작했으면 사업가답게 행동해야 하는데, 부업을 하는 것도 아니고 소비회원도 아니고 도대체 무슨 생각으로 일을 하는지 모르겠습니다. 성공하려면 제 말이라도 잘 들어야 할 텐데, 대답만 잘하고 행동은 하지 않으니 정말 답답해 미치겠습니다. 게다가 일을 좀 하겠다 싶었던 사람도 몇 달 못가서 집으로 들어가 버리니 누구를 믿어야 할 지 모르겠습니다.

미국에서 이민생활을 하고 있는 친구로부터 네트워크마케팅을 소개받은 고연희 씨. 친구의 정보를 듣고 그 회사가 한국에 오픈하자마자 회원이 되었고, 시간을 내어 부지런히 회사로 배우러 다녔다.

스폰서는 미국에 있고, 네트워크마케팅 경험도 없으니 회사의 도움을 받을 수밖에 없는 상태였다. 일주일에 한 번씩 회사 직원이 나와 설명회하는 것을 도와주었고, 고연희 씨는 열심히 배운지 한 달 만에 혼자서 설명회를 진행할 수 있게 되었다.

하지만 고연희 씨는 네트워크마케팅보다는 판매 중심의 일만을 해왔다는 것을 알게 됐다. 오로지 제품이 좋아서 제품 판매를 할 수 있는 회원을 모집하는 것과 파트너들이 자신처럼 열심히 회원을 모집하고 설명회를 주최하기를 바란 것이다. 크게 잘못된 것은 아니었지만, 파트너들도 모두 고연희 씨 자신과 같아야 된다는 생각이 파트너들을 힘들게 했던 것이다. 하지만 문제는, 나이가 많은 파트너를 아래 사람 다루듯이 하고, 파트너들을 직원처럼 대하는 태도가 심각한 갈등을 불러 일으켰다는 것이다.

"고연희 사장님, 네트워크마케팅은 일반 판매사업과 많이 다릅니다. 일정한 자격요건을 갖춘 사람이 참여하는 것이 아니라 남녀노소 누구나 참여합니다. 경험, 지식, 환경이 다른 사람들이 모여 조직을 이루기 때문에 생각과 행동이 모두 다릅니다. 파트너들의 생각과 행동을 공동의 목표에 집중하도록 하려면 우선 고연희 사장님의 자세가 달라져야 합니다. 즉, 고연희 사장님의 태도가 바뀌어야 합니다. 그러면 파트너들도 달라질 것입니다."

초보 네트워커에게 가장 큰 무기는 좋은 제품이다. 회원모집을 하는 데 그 무엇보다 중요한 역할을 한다. 그래서 홈 미팅, 홈 파티 등과 같은 방법으로 고객들에게 쉽고, 편하게 제품으로 다가서고 회원가입도 권유하고 있다. 그런데 그렇게 쉽고 편하게 시작하고 회원이 된 후에도 그 방법만 계속 반복한다면 조직은 성장하기 어렵다. 소비자나 회원은 늘 늘어날 수 있어도 네트워크마케팅의 매력적인 조직 성장과는 동떨어지게 된다. 그래서 사업자를 양성하는 미팅이나 세미나, 트레이닝이 있는 것이다. 그런 미팅이나 세미나에서 가장 많이 다루는 내용이 '사업자의 자세' 또는 '리더의 자세'이다.

이쯤이면 '도대체 좋은 제품을 많이 전달만 하면 되는 것이지, 무슨 자세가 필요하단 말이야?'라고 미팅과 세미나에 대한 불만을 갖고 있는 사람이 나올 법하다. 그런데 미안하지만 그것이 전부이다. 즉 사업자의 자세, 리더의 자세가 네트워크마케팅에서 성공할 수 있는 유일한 방법이기 때문이다.

필자는 30여 년간 업계에 있으면서 사람들이 변화되는 것을 그 누구보다도 많이 봐왔다. 현재 각 회사 탑 리더들의 초보 네트워커 때 모습이 사업이 성장하면서 변해온 것을. 또 변해야 하는 데 변화를 거부한 리더가 한순간 비참하게 몰락하는 과정을.

초보 네트워커 시기엔 좋은 회사, 좋은 제품만으로도 승부를 걸 수 있지만, 조직을 이끄는 사업자 또는 리더가 된 후부터는 인성과 솔선수범이 가장 큰 역할을 하기 때문이다. 그것이 바로 사업자(리더)의 자세이다.

결과적으로, 오랜 시간이 지났음에도 현재 성공한 네트워크마케팅 회사나 조직은 정직하고 좋은 사람들이 많이 모여 있다는 것이고, 단기간에 반짝하고 사라졌던 회사나 조직은 그렇지 못했다는 것이다. 물론 구성원 100퍼센트가 그런 것은 아니고, 비율이 많다는 것이다.

리더의 자세

초보 네트워커 때 보고, 듣고, 배운 스폰서(리더)의 모든 것이 그 사람의 비즈니스 자세를 결정한다. 스폰서와 함께 평생을 가든, 아니면 갈등으로 헤어져 다른 일을 하든지 그 영향력은 매우 크게 작용한다. 그래서 리더는 매사 언행에 신경을 써야하고 긴장을 해야 한다.

리더의 자세를 올바르게 하기 위해서는 몇 가지 실천해야 할 것이 있다. 우선 첫 번째는 매일 아침 정신을 맑게 하는 시간을 갖는다. 명상이나 요가, 독서로 걱정, 근심, 고민을 다 털어내고 머리 속을 투명하게 만든다.

두 번째는 목소리를 편안하면서도 명쾌하게 만든다. 쉽게 흥분하거나 너무 낮은 목소리가 나오지 않도록 조절을 잘한다. 감정이 많이 이입되면 쉽게 흥분하고, 그런 현상이 반복되면 목소리는 금방 쉬어버린다. 차분하면서도 힘 있는 목소리는 파트너들에게 신뢰감과 부드러운 카리스마를 느끼게 해 준다.

세 번째는 약속시간을 철저하게 지킨다. 리더에게 주어진 시간은 개인의 시간이 아니라, 수많은 사람들과 연계된 공인의 시간이다. 마치 연극이나 콘서트의 수많은 관객과 팬들 앞에 서는 주인공처럼, 리더는 파트너 또는 고객과 만나는 시간과 미팅이나 세미나의 약속시간을 소홀히 대해서는 절대 안 된다.

네 번째는 언어를 적절하게 구사한다. 파트너가 아랫사람이 아니고, 또 하나의 가족이라는 생각으로 귀하게 여긴다. 파트너는 행복한 인생을 함께 만들어가는 성공 파트너이다. 말 한마디로 인생의 전환점을 만들어 주기도 하고, 말 한마디로 돌이킬 수 없는 상처를 주기도 한다. 언어는 그 언어를 사용하는 사람의 생각이다. 파트너는 스폰서가 자신을 사랑하는지, 무시하는지 다 느낄 수 있다.

네트워크마케팅에서 제품이 명품이어야 마음껏 전달할 수 있는 것처럼, 리더의 자세가 명품 네트워커이면 파트너들은 예상 고객들에게 마음껏 자랑할 수 있다. 그런 사람들이 모여 이룬 조직이 명품 그룹이 되는 것이고, 그런 명품 그룹을 떠나고 싶어 하는 파트너는 없을 것이다. 명심하라! 명품 네트워커는 자세가 전부이다!

리더십의 변화

> 파트너들이 예전 같지 않습니다. 미팅에 참석하는 파트너들도 많지 않고, 진심 어린 조언에도 대답뿐입니다. 도대체 무엇이 문제인지 모르겠습니다. 이 상태로는 도저히 일을 계속 할 수 없을 것 같습니다. 원장님, 제발 좀 도와주십시오

박민석 사장은 20여 년을 중소기업을 경영하며 남부럽지 않게 지내다가 5년 전 교통사고로 경영하던 회사를 넘기고 재활치료에 매진, 1년여 만에 완치되었다. 치료 후 재활을 담당하던 의사의 소개로 네트워크 마케팅 사업을 시작하게 되었다. 의사들이 인정하는 제품력과 논리적인 사업설명회 덕분에 지인들에게 마음껏 알릴 수 있었고, 그렇게 3년 정도 열심히 뛴 결과 박민석 사장은 최고 리더가 될 수 있었다. 그런데 일 년 전부터 조직의 성장이 멈추는가 싶더니 매달 매출이 줄어들기 시작한 것이다. 파트너들의 미팅 참석률도 저조하고, 행사에 참가하는 파

트너의 인원수도 많이 줄었다.

필자는 2개월 동안 박민석 사장이 주최하는 모든 미팅과 세미나에 참석해 본 후 그 이유를 발견할 수 있었다.

"박민석 사장님, 네트워크마케팅은 리더십 비즈니스입니다. 리더십의 차이에 따라 조직의 성장이 달라집니다. 리더십의 크기에 따라 조직의 크기도 달라집니다. 그래서 리더십은 시대에 따라 변해야 하는 것이 있고, 변하지 말아야 할 것이 있습니다. 파트너들의 미래는 박 사장님 리더십의 변화에 달려있습니다"

역사를 알면 미래가 보인다

네트워크마케팅에서 성공하고자 하는 사람들에게도 빼놓을 수 없는 것이 네트워크마케팅의 역사이다.

한국 네트워크마케팅의 역사는 1980년대 후반부터 시작되었다. 음성적으로 활성화 된 몇 회사 때문에 피라미드라는 인식이 저변에 깔려있는 시기였다.

1990년대 초반까지 MLM(Multi Level Marketing)이라는 용어로 신분상승의 강력한 무기로 전국을 강타했다. 1995년 다단계와 관련된 법이 등장했고, 이 흐름을 타고 외국계 회사들이 대거 한국에 들어오면서 네트워크마케팅의 시장은 활기를 띠기 시작했다. 때마침 한국은 IMF로 인해 갑자기 실업자가 된 고급 인력들이 넘쳐 났는데, 그 중 많은 사람들이 네트워크마케팅에 참여하면서 고급 비즈니스로 자리매김하기 시작했다.

2000년대 접어들면서 각 회사에서 10여 년이 넘는 경험을 한 네트워커나 임직원들이 한국적인 특성에 맞는 회사를 설립하면서 다양한 색깔의 회사가 다양한 계층들과 교류하는 모습을 보여주기 시작했다.

2010년대에는 중국을 비롯한 아시아로 비즈니스를 펼치는 글로벌 비즈니스 시기가 되었다. 물론 외국계 회사들은 일찌감치 아시아 지역에서도 활발한 활동을 해왔다. 중요한 것은 한국의 네트워커들이 주인공이 되어 일을 하는 시기라는 것이다.

리더십은 변한다

위에서 언급한 역사의 시기에 따라 리더십은 변화를 해왔다. 즉, 80년대 후반~90년대 초는 네트워크마케팅의 1세대로서, 강력한 카리스마의 리더십이 필요한 시기였다. 부정적인 인식과 싸워야 했고, 몇 번을 쓰러져도 다시 일어설 수 있는 강력한 의지와 확신으로 승부를 걸어야 했기 때문이다.

네트워크마케팅 2세대는 90년대 중반~2000년대까지이다. 법이 정해지고, 성공한 외국계 회사들이 한국에 속속 진출하고, 고급인력들이 대거 네트워크마케팅에 참여하면서 가장 역동적인 모습을 보였던 시기이다. 이 시기에는 풍부한 지성을 갖춘 리더들이 인기가 많았다. 회사와 제품, 보상플랜, 비전에 대한 정보를 논리적이고, 합리적으로 정리해서 세련되고 고급스럽게 전달할 수 있는 리더십이 필요했기 때문이다.

3세대는 2000년대 후반~2010년대라고 볼 수 있다. 다양한 분야, 다양한 사람들이 참여하면서 사업, 부업, 취미, 여가활동, 자아계발 등의 목적으로 네트워크마케팅을 활용하기 시작했다. 이 시기에 필요한 리더십은 활력이 넘치며 누구와도 소통할 수 있는 커뮤니케이션 리더십이다.

　부자가 되고, 최고가 되는 것이 전부였던 시기는 지났다. 더불어 강력하고, 무서운 카리스마 리더의 시기도 지났다. 선한 부자, 착한 부자, 아름다운 리더, 향기 있는 리더가 인정받는 시기에 살고 있는 것이다. 즐기면서 돈을 벌고, 재미있게 모임하면서 성공할 수 있는 네트워커가 성공하는 시기이다.

　20여 년간 중소기업을 경영했던 박민석 사장은 카리스마 넘치는 경영인이었던 것이 자신의 발목을 잡은 것이다. 처음에는 파트너들이 리더로서 따르다가 어느 시기가 되면서부터 점점 멀어진 것이다. 파트너를 마치 부하직원이나 아랫사람 대하는 것처럼 했기 때문이다.

　네트워크마케팅의 성장과 성공은 리더의 철학과 리더십에 의해서 결정된다. 재미있고, 행복한 조직을 만들고 싶으면, 우선 당신이 재미있고, 행복한 리더가 되도록 노력하라. 다양하고 좋은 사람들이 많이 모이기를 바란다면, 당신이 다양성을 포용하고 좋은 리더가 되도록 노력하라. 당신의 리더십이 조직의 미래를 바꿀 것이다.

리더의 품격

네트워크마케팅에서 제가 꼭 이루고 싶은 것이 있습니다. 네트워크마케팅에서 성공한 사람들이 사회에서 인정받는 정서를 만들 것입니다. 가족, 친구, 이웃에게 인정받지 못하는 부정적인 인식을 바꿀 것입니다. 국회의원이 되어 직접 판매에 관련된 불편한 법을 몽땅 바꿀 것입니다. 보십시오. 제가 꼭 이룰 것입니다

나동현 사장은 네트워크마케팅에 대한 가치, 노후대비에 탁월한 사업이라는 점에서 아내를 따라 네트워크마케팅 사업에 뛰어들었다.

아내는 이미 최고 직급자의 자격을 갖추고 있었기 때문에 파트너들은 나동현 사장을 스폰서로서 인정하지 않았다. 이미 차려진 밥상에 숟가락만 얹은 꼴이 되었기 때문이다. 그런 환경을 극복하고자 사회에서 배웠던 노하우를 최대한 활용해 조직을 장악해 나가기 시작했다. 네트워

크마케팅에 관련된 서적과 신문, 매거진을 닥치는 대로 읽고 세미나에서 미친 듯이 강의했다. 강의가 끝난 후 파트너들과 일대일 미팅을 하면서 소통을 하기 위해 최선을 다했다. 결국 일 년 정도 지난 뒤 파트너들은 나동현 사장을 스폰서로서 예우를 했고 따르기 시작했지만 몇 달이 지나지 않아 다시 파트너들과 갈등이 생기기 시작했다. 나동현 사장의 리더십에 불만을 갖기 시작한 것이다. 이유를 분석해보니 나동현 사장의 언행에 가장 큰 문제가 있었다.

수직적 사고를 수평적 사고로 바꾸기

조직을 컨설팅하면서 가장 먼저 변화를 시키는 것은 리더들의 스피치 방법이다. 리더들의 습관화 되어 있는 스피치 내용이 조직의 성장에 큰 영향을 끼치며, 그 리더의 파트너들이 성장하면서 그대로 복제가 되기 때문이다. 리더가 갖추어야 될 조건에는 첫째, 명령이나 지시형태의 내용을 바꿔야 한다.

파트너들을 아랫사람으로 여겨 말할 때마다 이래라저래라 하는 식으로 대하는 경우가 있는데 이 습관을 바꿔야 한다.

또한 리더로서, 스폰서로서 노하우를 알려주고 이끌어 주는 입장이긴 하지만, 파트너는 비즈니스를 함께 하는 동반자이자 팀의 동료로 대해야 한다.

둘째, 약속을 잘 지켜야 한다. 약속을 잘 지키는 것은 신용을 보여주며 신뢰감을 형성하는 것이다. 그런데 약속을 잘 지키지 않는 것은 파트너의 기대와 신뢰를 무너뜨려 파트너들을 무시하는 태도로 보여 질수 있다. 시간이 지나면 이 현상은 파트너가 스폰서가 무시하는 결과를 초래하게 된다.

이것이 수직적 사고와 수평적 사고의 차이다. 수직적 사고를 갖고 있는 리더는 늘 자신이 우두머리라는 생각 때문에 사용하는 언어가 명령이나 지시형이다. 그리고 약속을 자기 마음대로 생각한다. 수평적 사고를 갖고 있는 리더는 팀장이라는 생각 때문에 사용하는 언어가 배려심과 겸손함이 담겨있다. 또한 파트너와 약속한 것은 반드시 지키려고 노력한다.

리더의 품격이 세상을 바꾼다

나동현 사장은 말로 세상을 변화시키려 했다. 파트너들에게도 그런 것을 요구했다. 하지만 말만으로는 세상을 변화시킬 수는 없다. 세상을 바꾸고자 하는 사람이 솔선수범해야만 사람들이 따를 수 있다.

먼저 품격 있는 리더가 되어 네트워크마케팅에 어울리는 모습으로 보여주면 된다. 최고의 비즈니스를 하는 사람일수록 말과 행동이 다르다. 사람을 대하는 태도 역시 다르다.

네트워크마케팅에서 품격 있는 리더가 되려면 첫째, 긍정적인 사고를 갖는다. 자신이 네트워크마케팅에 대해 긍정적으로 생각해야 한다. 네트워크마케팅에 대해서는 단 1%도 부정적으로 생각하지 않는 것이다. 또한 긍정적인 언어만을 사용한다. 언어는 전염성이 강한 습성을 갖고 있다.

품격 있는 리더의 언어는 파트너나 고객에게 그대로 전달된다. 시간이 지날수록, 조직이 커질수록 그룹의 모든 사람들이 긍정적인 사고를 갖게 되고 긍정적인 언어를 사용하게 된다.

둘째, 말하는 것보다 경청을 많이 한다. 네트워크마케팅에서는 말을 많이 하는 리더일수록 약점이 많이 잡힌다. 강의할 때를 제외한 곳에서는 가능하면 말을 아끼는 것이 좋다. 오랜 세월 함께 손발을 맞춰 왔던 리더들 이외에 다른 사람들은 리더의 한 마디를 여러 가지로 해석을 하고 오해를 만드는 경향이 많기 때문이다.

말을 하게 되면 항상 원칙과 기본에서 벗어나지 않는 범위에서 한다. 때론 상대방이 융통성이 없는 사람이라고 여겨도 상관이 없다. 결국 시간이 지나면 그것이 옳다는 것을 깨닫게 되면 리더를 더욱 신뢰하게 될 테니까.

셋째, 여유 있는 생활을 한다. 리더는 바쁘다. 전국, 전 세계를 다니며 미팅을 한다. 그렇게 바쁘게 지내지만 사람을 만나면 여유 있는 모습을 보여야 한다. 인생을 즐기고 있다는 것을 상대방이 느낄 수 있어야 한다. 일이 다른 일과는 달리 사람을 만나 꿈을 전하고, 행복한 삶을 나누는 것이라는 것을 느낄 수 있어야 한다.

품격은 개인의 철학과 문화이다. 네트워크마케팅이 멋진 사업이라는 것을 세상 사람들에게 알리고 싶다면 당신이 품격 있는 리더가 되면 된다. 그리고 당신의 파트너들이 당신처럼 품격 있는 리더가 될 수 있도록 솔선수범하면 된다.

세상을 바꾸고 싶은가? 그렇다면 당신 자신이 품격 있는 리더가 되면 된다!

리더의 그릇

"큰오빠, 도대체 파트너들에게 어떻게 했길래 이런 얘기가 나오는 거야. 다른 파트너들이 큰오빠를 보면 숨이 막히고 답답하데. 또 쉽게 해결할 것을 너무 어렵게 풀어간다고 난리들이야. 보통 심각한 것이 아니던데, 이러다가 파트너들 다 떠나는 거 아니야?"

몸이 불편한 부모님과 네 명의 동생 뒷바라지를 하며 살아온 고재욱 씨는 죽마고우의 소개로 네트워크마케팅을 시작했다. 3년을 노력한 끝에 가족 모두 부족함 없는 생활을 할 수 있게 됐다. 얼마 전에는 막내 동생이 파트너로 참여했다. 그런데 막내 동생으로부터 충격적인 말을 들었다. 그룹 리더들과 대화를 나누다가 큰오빠에 대한 다른 파트너들의 불만이 크다는 얘기였다.

필자는 고재욱 씨와 많은 시간 대화를 나누어 보고 또 그 회사에서 주최하는 해외 리더십세미나에 참석해 고재욱 씨와 함께 며칠을 지내

보니 그 원인을 쉽게 알게 되었다. 그것은 바로 고재욱 씨가 몸이 불편하신 부모님과 네 명의 동생을 뒷바라지 하면서 살아온 환경 때문이었다. 그로 인해 만들어진 가치관과 고정관념들이 파트너들을 힘들게 했던 것이다. 즉 고재욱 사장의 그릇에 문제가 있었던 것이다.

그릇 만들기

네트워크마케팅은 복제 비즈니스이다. 그래서 스폰서는 말과 행동을 조심해야 한다. 말과 행동이 모범적이고 객관적일수록 올바른 복제가 되며 조직도 빨리 성장할 수 있다. 이런 말이 있다. '회사의 크기는 경영자의 그릇 크기만큼 커지고, 조직은 리더의 그릇 크기만큼 커진다' 제품력과 보상플랜의 차이보다 회사 경영자, 그룹 리더의 철학과 가치관, 경험의 크기에 따라 매출 순위가 정해지는 것을 볼 수 있다. 네트워크마케팅을 시작하기 전에는 경험, 지식, 환경, 나이, 종교, 인맥, 자본이 전혀 필요 없지만 네트워크마케팅을 진행하면서부터는 하나하나 만들어 가야 할 것이 있다. 그 중 가장 중요한 것이 리더의 그릇을 만드는 일이다. 즉 네트워크마케팅에 어울리는 리더가 될 수 있도록 노력하는 것이다. 그러기 위해선 우선 네트워크마케팅의 본질을 정확히 이해해야 한다.

네트워커 중에서는 평범한 네트워커, 좋은 네트워커, 훌륭한 네트워커, 위대한 네트워커가 있다. 평범한 네트워커는 좋은 제품을 저렴한 가격으로 주위 사람들에게 전하며 권리소득을 만드는 전형적인 네트워커이다. 좋은 네트워커는 좀 더 적극적으로 미팅과 행사에 참가하고 강의와 스피치로 파트너들에게 꿈과 용기를 주는 네트워커이다. 훌륭한 네트워커는 파트너들을 자신과 같은 리더가 될 수 있도록 육성하고 훈련시켜 좋은 리더가 될 수 있도록 도와주는 사람이다. 위대한 네트워커는 좋은 시스템과 문화를 만들어 사람들이 행복하게 비즈니스 할 수 있도록 도와주는 사람이다.

리더의 꿈은 조직의 꿈이 된다. 위대한 꿈을 가지고 있는 리더의 마인드가 사람들을 성장시킬 수 있다. 자신의 과거 경험과 지식, 환경에 의한 고정관념과 가치관에서 벗어나지 못한다면 훌륭한 리더, 위대한 리더가 될 수 없다. 그러므로 이미 성공한 리더들을 본받아 리더의 그릇을 만들어야 한다.

그릇 키우기

우선 직급에 맞는 역할을 정확히 해야 그릇다운 리더가 될 수 있다. 초보 네트워커는 모든 미팅, 세미나, 행사에 참가해 시스템을 완전히 익힌다. 그 시스템에서 배운 대로 제품의 효과 전달, 사업의 기회를 전달한다. 중간 리더는 시스템의 주인공이다. 모든 시스템을 익히고 각종 미팅, 세미나, 행사에서 교육과 코치를 한다. 최고 리더는 롤 모델(role-model)이 되어 동기부여와 비전을 제시한다. 또한 시스템과 좋은 문화를 만든다.

이렇게 각 직급에 맞게 역할을 정해놓고, 파트너들이 각자 위치에 어울리는 그릇이 될 수 있도록 도와주는 것이다. 가장 중요한 것은 자신이 먼저 그 주인공이 되어야 한다. 모든 것은 경험과 체험에 의해 전달되는 것이므로 솔선수범하는 것이 가장 빠른 방법이다.

각 위치에 맞는 역할을 하면서 공통적으로 리더의 그릇을 키우는 방법이 있는데 반드시 연습을 통해 이뤄진다.

첫 번째, 백만 불짜리 미소가 자연스럽게 얼굴에 나타나도록 미소 짓는 연습을 한다. 리더의 얼굴은 조직의 얼굴이다. 리더의 얼굴에 미소가 늘 흐르고 있다면 조직은 건강하게 성장할 수 있다.

두 번째, 신문이나 책을 정독하며 소리 내어 읽는다. 리더의 말과 언어가 객관적이고 세련되면 품격 있게 느껴진다. 객관적인 말과 언어는 신문과 책을 자주 읽으면 자연스럽게 익힐 수 있다. 자연스럽게 불필요한 말투나 비속어 같은 언어를 쓰지 않게 된다.

네트워크마케팅에서 성공할수록 만나는 사람의 수준이 달라진다. 다양한 분야의 전문가와 교류하게 되는 데 그들과 스스럼없이 어울리려면 품격 있고 세련된 언어를 사용해야 한다.

세 번째, 음악회, 오페라, 뮤지컬, 연극 등 정기적으로 문화공간을 찾아간다. 네트워크마케팅의 리더는 문화를 형성하고 발전시키는 문화인이다. 돈을 많이 벌고 높은 직급에 올라갔다고 어느 날 갑자기 문화인이 되는 것은 아니다. 평소 문화에 대한 관심과 문화생활이 자연스럽게 문화인으로서 성숙하게 만들어 준다.

당신이 리더라면, 과거의 자신에서 벗어나 리더의 그릇을 만들고 그릇을 키우는 노력을 하라. 그 그릇에 모든 사람들을 담아라. 그들의 성공과 행복은 바로 당신의 그릇의 크기만큼 이루어질 수 있다.

당당하라

"성공한 분들의 강의를 듣고 비전을 느껴 잠을 이룰 수 없을 만큼 흥분된 마음이었습니다. 그래서 지인들에게 신나게 알렸는데, 모두 저를 이상한 사람 취급하거나 충고와 더불어 거절을 했습니다. 갑자기 외톨이가 된 기분이 들었지만 분명히 비전 있는 일이기에 꼭 성공하고 싶습니다. 하지만 위축되고 두려운 이 상태로는 너무 힘들어서 조언을 구하게 됐습니다."

동대문 대형매장에서 10년간 옷 디자이너로 일하다가 시력이 심하게 나빠지는 바람에 일을 그만두고 잠시 쉬고 있던 중 동창으로부터 네트워크마케팅을 소개받은 유현애 씨. 새로운 일에 대한 설렘과 열정으로 몇 개월 뛰어다녔지만 심한 거절에 좌절했다. 상담을 해보니 열정으로만 승부를 걸다가 힘들어진 것이었다.

스토리의 주인이 돼라

네트워크마케팅은 자랑을 하는 비즈니스이다. 좋은 회사, 좋은 제품, 좋은 보상에 대해 자랑을 하는 것이다. 그래서 고객이 회사를 알아보고, 제품을 체험해 보고, 보상을 경험해 본 후 정말로 좋다고 느끼면 부업이나 전업으로 일을 본격적으로 할 수 있는 자율적인 일인 것이다. 그런데 알아보기 전, 체험하기 전, 경험해 보기 전에 오히려 고객이 거절을 하는 경우가 많아서 초보 네트워커에게는 무척 두려운 일이다. 일반적으로 네트워크마케팅에 대한 부정적인 인식에 부딪혀서 그런 것이다.

그런데 이런 상황을 극복하지 못하면 더 이상 일이 진전이 되지 않으니, 어쨌든 이겨내야 한다. 이 때 절실히 필요한 것이 바로 네트워크마케팅에 대한 올바른 지식이다. 네트워크마케팅이 고객에게 주는 이득이 무엇인지 정확히 알아야 한다. 그래서 성공적인 네트워크마케팅 회사나 그룹에서는 행사 때마다 경제학 교수나 유명한 의사, 약사 등 전문가를 초청 강사로 초대하는 것이다. 전문가들도 인정하는 마케팅이고, 제품이라는 것을 알려주기 위해서는 필자가 권하는 조금 더 적극적인 방법은 스스로 전문가가 되라는 것이다. 이것은 쉽지 않은 일이기에 많은 노력이 필요하다. 그렇다고 갑자기 마케팅 교수나 의사, 약사처럼 진짜 전문가가 되라는 것은 아니다. 그것은 불가능한 일이지만 다음의 방법은 아주 쉬운 일이다.

첫 번째는 회사의 창립배경이나 설립자의 스토리를 완전히 익히는 것이다. 수십, 수백 번을 들어서 누구를 만나든지 입에서 자연스럽게 술술 나올 수 있을 만큼 익힌다. 마치 남들이 들으면 당신이 회사를 설립한 사람으로 착각할 수 있을 만큼.

두 번째는 제품 중 당신이 직접 체험해서 효과가 가장 좋은 제품에 대해 완벽하게 익힌다. 제품의 성분, 제품의 효능, 효과 등 제품 지식과 관련 정보를 완전하게 숙지하는 것이다. 이것 역시 그 누구를 만나든 입에서 술술 나올 수 있을 만큼 완전히 알아야 한다. 첫 번째 방법은 많이 들으면 되고, 두 번째 방법은 당신이 직접 체험하고 공부하면 되는 것이다.

이 두 가지 정보만으로도 네트워크마케팅을 즐겁게 할 수 있다. 파트너가 된 사람들에게도 똑같이 적용시키면, 이것이 바로 복제가 돼 순식간에 조직이 늘어날 것이다. 대부분 초보 네트워커들은 리더의 강의를 듣고 그 정도의 경험과 지식이 있어야 남에게 전달할 수 있을 거라는 두려움 때문에, 고객들에게 마음껏 전달하지 못한다. 빨리 그 생각에서 벗어나 스스로가 회사의 주인인 것처럼 설립배경과 스토리를 전달하고, 제품 효과를 경험한 생생한 체험스토리를 전달해 보라. 주위의 부정적인 인식을 가장 빨리 해소할 수 있는 방법이면서도 당신을 당당하게 만드는 지름길이다.

선물을 주는 마음으로

초보 네트워커들이 가져야 할 마인드는 네트워크마케팅은 '판매하는 것이 아니라 기회를 주는 것'이라는 것이다. 판매를 한다고 생각하면 우선 마음이 위축된다. 남에게 아쉬운 소리를 해야 한다거나 내 이익을 위해 남에게 부담을 준다는 생각이 들기 때문이다. 그러니 아무리 자료를 완벽하게 준비를 하고 고객을 만난다고 해도 목소리가 떨리고, 심장이 떨려 제대로 전달을 못하게 된다. 이것을 극복하는 가장 좋은 방법은 '선물을 주기 위해 만나는 것'이라는 생각을 하는 것이다.

가족의 생일 선물 또는 사랑하는 연인에게 선물을 준다는 생각을 해보라. 어떻겠는가? 두렵거나 긴장하는 것보다 설레고 즐거운 마음이 앞설 것이다. 선물 받을 상대방을 생각하면 기쁘고 행복할 것이다. 바로 이 마음으로 고객을 만나는 것이다. 그리고 고객이 뭐라고 하던 마음속에는 '아마 당신이 내가 준비한 선물을 받으면 엄청 좋아할 거예요'라는 생각으로 가득 채우는 것이다. 다음은 필자가 네트워커를 교육할 때 강조하는 내용이다.

첫째, 네트워커는 회사와 고객(소비자)을 직접 연결해 주는 연결자로서 직거래의 혜택을 회사와 고객 양쪽 모두에게 주고 있는 '좋은 사람'이다. 이런 좋은 일을 하고 있다는 생각이 많으면 많을수록 즐겁게 일할 수 있다. 그러니 매일 스스로에게 칭찬과 용기를 줘라.

둘째, 네트워커는 사람들에게 더 나은 삶의 기회를 주는 '컨설턴트'이다. 평생직장이 사라지고, 자영업이 몰락하고, 노령화 사회와 취업인구 감소로 불안한 미래의 대안이 될 수 있는 네트워크마케팅을 전달해 주는 존재이기 때문이다.

셋째, 네트워커는 진정으로 인간적인 삶을 사는 '자연인'이다. 4차 산업시대의 도래로 빈부의 격차, 인간성 상실이 심화되는 현실에서 서로 돕고, 의지하며, 용기와 꿈, 도전과 열정, 사랑과 배려심 등 가장 인간적인 모습으로 일할 수 있는 것이 바로 네트워크마케팅이기 때문에 가장 가치 있는 삶을 추구하는 아름다운 사람들이다.

네트워크마케팅은 가장 인간적인 비즈니스이다. 그래서 즐겁게 일할 수도 있고, 고통스럽게 일할 수도 있다. 인간적으로 일하면 즐겁고, 비

인간적으로 일하면 고통스럽게 된다. 그래서 성공하려면 가장 인간적으로 일하는 방법을 배워야 한다. 그리고 당당하게 전달하면 된다. 좋은 것을 당당하게 그리고 꾸준히 한다면, 하늘도 감동해서 당신을 도울 것이다.

생각을 키워라

"3년 동안 꾸준히 제 나름대로 비즈니스를 해왔는데, 이제는 더 이상 버티기가 힘이 듭니다. 저를 바라보는 스폰서나 파트너들의 시선이 따갑다 못해 아픕니다. 바깥에서는 성실하고 부지런하게 일하는 저를 부러워하고 인정하지만, 조직 내에서는 3년이나 됐는데 아직도 중간 리더에서 벗어나지 못한다고 무능력한 사람 취급을 합니다. 저는 이 회사와 제품이 너무 좋아서 당당하게 일하고 있는데, 정말 저한테 문제가 있는 건가요?"

명문대학교를 졸업 후 국립도서관에서 10년 정도 일하다가 친구의 권유로 네트워크마케팅을 시작한 권희연 씨. 편안한 인상과 성실함으로 즐겁게 일해 왔지만, 최근 6개월 동안 정신적인 스트레스에 시달렸다. 자세히 알아보니 조직에서 빠른 성과를 내는 전략에 호응을 못하는 것 때문에 시달린 것이다. 리더의 생각이 파트너를 힘들게 만들고 있었다.

리더의 생각이 교육이다

네트워크마케팅은 시간을 절약하는 비즈니스이다. 개인이 혼자 수십 년 동안 할 수 있는 일을 팀이 수개월~수년 만에 할 수 있는 일인 것이다. 그래서 팀워크를 잘 활용하는 네트워커는 빨리 성공하고, 그렇지 못한 네트워커는 성공이 더디거나 실패를 하게 된다. 그런 팀워크를 잘 이루기 위해 교육이 절대적인 역할을 한다. 교육을 통해 '왜 네트워크마케팅을 하는지?'에서부터 '어떻게 네트워크마케팅에서 성공할 수 있는지?'에 대한 많은 해결책을 배우게 되기 때문이다.

그런데 대부분 선배 네트워커들은 '빨리 성공하는 방법'만 가르치려 한다. 그러면서 단기간에 성공적인 결과를 만든 네트워커를 무대에 세워 스피치를 하게 하고 그들이 교육을 통해 빨리 성공하는 방법을 알려주게 한다. 즉 빨리 성공한 네트워커가 표준 모델이 되게 하는 것이다. 당연히 모든 초보 네트워커들의 꿈은 그들처럼 빨리 성공하는 것이 된다. 하루 3~4시간만 자며, 하루에 수십 명을 만나 미팅을 하고, 전국을 매일 뛰어 다니다 보니 일 년에 주행거리가 수십만 ㎞가 돼 차를 바꿀 지경이 됐다는 스토리가 전설이 된다. 그러다 보니 그런 전설처럼 뛰어 다니지 못한 네트워커는 무능하고 형편이 없는 사람 취급을 받는다. 그리고 그런 무능하고 형편없는 사람을 스폰서로 둔 파트너들은 불만과 불평을 하게 되고, 스폰서에 대한 믿음은 사라진다. 결국 팀워크의 생명인 신뢰와 믿음이 깨지게 되는 지경까지 이르는 것이다. 이게 도대체 무슨 일이란 말인가? 경험과 지식, 환경, 성격이 각각 다른 사람들이 만나서 팀이 된 것인데, 모두 똑같은 방법으로 무조건 앞으로 달려가게 한다면 과연 남아날 사람이 얼마나 있을까?

필자는 네트워크마케팅 현장에서 안타까운 사람들을 많이 본다. 인성이 좋고, 지성이 넘치는 꽤 괜찮은 사람들이 선배 네트워커들이 정해놓은 표준모델(?)에 어울리지 않는다는 이유로 자존감을 잃고 고민하다가 말없이 떠나거나, 몇 년 동안 꾸준히 비즈니스를 하고 있는데도 빨리 승급을 못한다는 것 때문에 죄인처럼 늘 주눅 들어있는 모습을 본다. 도대체 그들이 잘못한 것이 무엇인가? 왜 모든 네트워커들이 소수의 선배 네트워커가 이룬 결과에 맞는 방법으로만 해야 한다고 하는 것일까?

그래서 교육의 내용이 중요하다. 어떤 내용으로 교육을 하느냐에 따라, 초보 네트워커들이 올바로 성장하느냐, 그렇지 않느냐가 결정되기 때문이다. 결국 교육의 뿌리는 리더들의 생각이다. 조직을 이끌고 있는 리더의 생각이 그대로 교육에 적용되기 때문이다. 그러니 리더들은 끊임없이 배워야한다. 더 성공한 사람, 전문가를 찾아가 배우고, 책을 읽으며 지혜롭게 비즈니스하는 방법을 익혀야 한다. 조직의 미래는 리더의 생각의 크기에 따라 좌우된다.

생각 키우기

리더들이 꿈꾸는 것은 크고 단단하며 무너지지 않는 조직이다. 그런 조직을 만들 수 있다면 평생 마르지 않는 소득과 시간적인 자유를 만끽할 수 있을 것이다. 그 방법은 간단하다. 생각의 크기를 그만큼 키우면 된다.

첫째, 파트너를 무조건 인정하는 마음을 갖는다. 성별, 나이, 환경에 따라 모든 사람들은 각기 다른 생각을 가지고 있기 때문에, 그것을 인정하는 것이다. 예를 들어, 여자와 남자는 태어날 때부터 다른 존재이기 때문에 그냥 인정하는 것처럼, 다른 모든 사람들도 태어날 때부터 다르다는 것으로 인식하는 것이다. 마치 유치원 교사가 처음 입교한 유치원생들을 무조건 인정하는 것처럼. 그렇게 되면 상대방의 생각에 대한 이해심이 커져 여유를 갖게 된다.

둘째, 사람마다 행동하는 속도가 다르다는 것을 인정한다. 어떤 사람은 생각하자마자 행동하고, 어떤 사람은 생각을 오랫동안 하고 행동한다. 또 어떤 사람은 행동하면서 생각하기도 한다. 그러니 비즈니스를 진행하는 속도도 모두 다를 수밖에 없다. 조금 더 적극적인 방법은, 파트너들 각자 진행 속도를 체크해서 그 속도에 맞게 비즈니스를 할 수 있도록 도와주는 것이다. 그러면 조직은 리더, 사업자, 부업자, 소비회원 등으로 알차게 구성되어 활력이 넘치게 된다.

셋째, 파트너들을 모두 스승으로 여긴다. 일반적으로 파트너는 아랫사람, 나보다 비즈니스를 잘 모르는 사람이라는 생각을 갖고 있는데, 이 고정관념을 완전히 뒤집는다. 조직이 커질수록 리더들이 함정에 빠지는 것이 '자신이 최고'라는 착각이다. 그것 때문에 어느 순간부터 조직의 정체, 조직의 이탈이 일어난다. 이런 일을 방지하려면 처음부터 파트너에게 배운다는 생각으로 조직을 이끄는 것이 좋다. 파트너를 귀한 존재로 여겨 그들의 경험과 지식, 생각을 소중히 다룬다. 무조건 다 이해하고 따르라는 것이 아니다. 원칙과 기본을 지키면서 공과 사를 확실히 구분하는 것이다.

네트워크마케팅은 사람이 핵심이다. 그래서 사람을 얻는 지혜가 성공의 지름길이다. 지혜로운 리더는 늘 파트너의 성장을 위해 고민하며 생각 키우기를 하는 사람이다. 그 크기만큼 조직이 커지고 성공할 것이다. 성공을 바라는가? 그렇다면 생각을 키워라!

네 탓과 감사

"지난 4년 간 센터를 맡아 운영하면서 아침 일찍부터 밤늦게까지 청소하고, 정리하고, 센터의 모든 회원들의 신규고객 회원 등록 업무를 하느라 집안일은 아예 생각도 못하고 지냈습니다. 그러니 제 일은 거의 할 수가 없었습니다. 제가 아파서 하루라도 쉬면 센터는 엉망이 되니 누구한테 맡길 수도 없고…. 그런데 사람들은 뒤에서 불평, 불만만 하고 센터의 일을 도와주는 사람이 없습니다. 도대체 사람들은 왜 자기만 생각하고 남의 희생은 당연하게 여기는 걸까요?"

8남매의 장녀로 시골에서 농사와 집안일을 돕다가 결혼으로 도시로 나와 현모양처로 지냈던 권애자 씨. 남편 친구의 권유로 네트워크마케팅을 부업으로 하다가 성실한 모습이 그룹 리더의 눈에 띄어 지역 센터를 운영하는 역할을 맡게 됐다. 센터의 온갖 일을 해왔지만, 주위 사람들의 뒷담화와 불평, 불만에 견디기 힘들어했다. 그에 위장염으로 늘 고생했고, 자신도 남의 탓을 하는 사람이 되어버렸다.

"권 사장님, 사람은 상대적인 존재입니다. 한쪽만 잘못했다고 할 수 없습니다. 분명히 상대적으로 잘못할 수 있게 할 원인이 있었을 것입니다. 그러니 자신을 한 번 되돌아보십시오. 그런 생각을 하는 것도 리더가 배우고 익혀야 할 능력입니다."

네 탓이요

네트워크마케팅은 세상의 그 어떤 일보다도 쉬운 비즈니스이다. 좋은 회사에서 만든 좋은 제품을 써보고 먹어보고 사용해보고 좋은 경험을 주위사람들에게 자랑만 하면 되는 것이기 때문이다. 즉 체험한 좋은 정보를 전달하는 일이기에 경험과 지식, 자본과 능력이 없어도 남녀노소 누구나 할 수 있는 일인 것이다.

그런데 다른 한편으로는 세상에서 가장 어려운 비즈니스이기도 하다. 정보를 전달하는 사람의 상황과 여건, 말과 행동에 따라 상대방이 믿기도 하고, 그렇지 않기도 하기 때문이다. 평소에 주위로부터 믿음과 신뢰를 얻고 있었던 사람이라면 네트워크마케팅을 쉽게 할 수 있다. 그 사람의 인격과 말을 믿기 때문이다.

반대로 평소에 주위 사람들에게 믿음과 신뢰를 얻지 못했던 사람은 아무리 좋은 정보를 권해도 믿지 않기 때문에 비즈니스를 어렵게 풀어갈 수밖에 없다. 이런 사람들은 빨리 아는 사람들과의 만남에서 벗어나 새로운 사람들에게 정보를 주는 것이 현명한 방법이다. 그러면 훨씬 즐겁고 재미있게 비즈니스를 할 수 있다.

필자가 30년간 업계에서 교육과 컨설팅을 하면서 만난 수많은 사람들의 고민과 고충을 종합해보면 몇 가지로 요약할 수 있는데, 그 중 단연 큰 비중을 차지하는 것이 바로 '네 탓이요'이다. 대부분 네트워커들이 '나는 정말 열심히 했는데…'라는 얘기를 하고는 곧바로 '회사가 문제다', '제품이 문제다', '보상플랜이 문제다', '스폰서가 문제다', '파트너가 문제다' 등 남의 탓으로 돌리는 것이다.

결론은 '나는 문제가 없고, 남이 문제가 있다'이다. 이런 생각에서 벗어나지 못하면 네트워크마케팅은 세상에서 가장 어려운 비즈니스가 되는 것이다.

감사해라

네트워크마케팅은 팀워크 비즈니스이다. 팀워크의 가장 중요한 핵심은 상대방을 이해하고 존중하는 것이다. 자신의 생각과 행동만 내세울 때 팀워크는 여지없이 깨지고 만다. 그래서 성공하는 조직은 팀워크가 잘 형성되어 있는 것이고, 실패하는 조직은 오합지졸처럼 팀워크가 허술한 것이다.

세상에서 가장 쉬운 비즈니스로 만드는 방법은 매우 간단하고 쉽다. '감사하는 마음'으로 비즈니스를 하면 된다. 하루에 수십, 수백 번을 감사하면 된다. 아니 수천, 수만 번을 감사하는 것이다. 그렇게 하지 않으면 불평, 불만의 생각이 순간순간 마음속으로 비집고 들어올 테니까.

첫 번째 감사는, 스폰서에게 한다. 네트워크마케팅은 다른 일과 달리 반드시 정보를 전달해 준 스폰서가 있어야만 시작할 수 있다. 그러니 현재 자신이 성공을 꿈꾸고, 매일 성장하려고 노력하고 있다면, 그런 기회를 만들어 준 스폰서에게 한없이 감사를 표하는 것이 마땅하다. 그것은 마치 이 땅에 나를 태어나게 만들어 준 부모에게 은혜를 입은 것과 같다.

두 번째 감사는, 회사에게 한다. 빛의 속도로 바뀌어 가는 현실에서 미래 지향적인 전략과 아이템, 마케팅이 준비되어 있지 않으면 몇 개월, 몇 년 만에 도태되고 사라지는 수많은 회사들이 있는데, 오히려 현실과 미래의 흐름에 맞는 전략, 제품개발, 마케팅을 펼치고 있는 회사와 비즈니스 파트너가 되었다는 것은 기적과도 같은 일이다.

그런 회사의 임직원에게 감사한 마음을 갖는다. 전문적인 기술과 지식, 경영능력으로 평범한 네트워커의 성공을 위해 도움을 주는 정말로 고마운 사람들인 것이다. 이런 생각을 하면 더욱 감사할 것이다. '평범한 내가 돈 한 푼 들이지 않고 회사를 설립했고, 월급 한 푼 주지 않고 풍부한 경험과 지식, 실력을 갖춘 경영자와 직원들을 관리하고, 손 하나 까딱하지 않고 세계적인 제품을 공급하고, 광고하나 하지 않고 수많은 네트워커들을 모집했다.' 이 얼마나 놀라운 일인가? 이 모든 것을 회원 등록서 한 장 작성한 후 공짜로 얻게 된 것이다.

세 번째 감사는, 파트너에게 한다. 세상에서 가장 소중한 존재는 가족일 것이다. 그런 가족이 또 생긴 것이다. 즉 사회에서 만들어진 '또 하나의 가족'인 것이다. 그렇다면 사랑으로 모든 것을 이해하고, 배려하는 가족처럼, 파트너들에게도 똑같이 사랑으로 대한다.

인간관계를 가장 강력하게 만드는 것은 믿음과 신뢰이다. 그 믿음과 신뢰를 만드는 지름길은 '감사'하는 것이다. 네트워크마케팅과 같이 믿음과 신뢰가 핵심인 비즈니스에서 성공하는 지름길은 감사하는 것이다. 매시간 감사해라! 매일 감사해라! 감사해라! 감사해라!

리더십의 발견

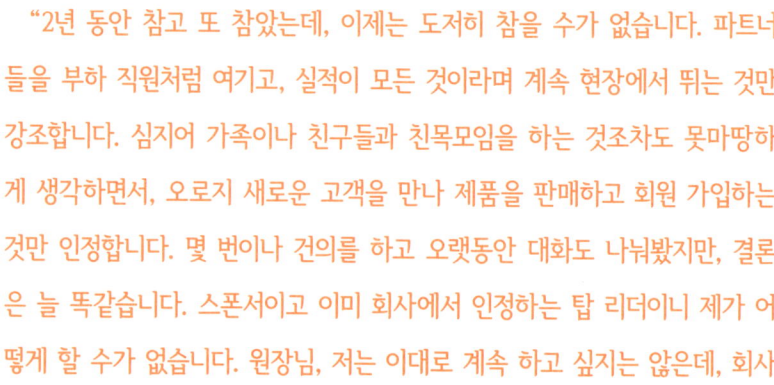

"2년 동안 참고 또 참았는데, 이제는 도저히 참을 수가 없습니다. 파트너들을 부하 직원처럼 여기고, 실적이 모든 것이라며 계속 현장에서 뛰는 것만 강조합니다. 심지어 가족이나 친구들과 친목모임을 하는 것조차도 못마땅하게 생각하면서, 오로지 새로운 고객을 만나 제품을 판매하고 회원 가입하는 것만 인정합니다. 몇 번이나 건의를 하고 오랫동안 대화도 나눠봤지만, 결론은 늘 똑같습니다. 스폰서이고 이미 회사에서 인정하는 탑 리더이니 제가 어떻게 할 수가 없습니다. 원장님, 저는 이대로 계속 하고 싶지는 않은데, 회사는 떠나고 싶지 않습니다. 제발 좋은 방법 좀 알려 주세요."

7년간 대기업 연수원에서 교육 담당자로 일하다가 언론사에서 주최한 교육포럼에서 만난 타 회사 임원으로부터 네트워크마케팅을 소개받고 1년간 부업으로 하다가 퇴사하고, 2년간 전업으로 활동한 송연희 씨. 부업을 할 때 느끼지 못했던 스폰서의 여러 가지 모습에 2년간 힘겹게 지내왔다고 했다. 방문판매 회사에서 20년간 활동했던 스폰서의 경험이 송연희 씨가 배운 네트워크마케팅의 정서와는 많이 달라서 힘들어한 것이다.

"송 사장님, 네트워크마케팅은 복제사업이지만, 스폰서의 모든 것을 무조건 복제하라는 것은 아닙니다. 스폰서의 좋은 것은 복제하되, 원칙과 기본에서 벗어난 것은 복제하지 않아도 됩니다. 지금부터가 송 사장님의 진정한 리더십이 발휘될 때입니다."

리더는 위기에 탄생한다

초보 네트워커에게 네트워크마케팅은 신세계이다. 그런 신세계에 이미 발을 들이고 성공하고 있는 스폰서들의 모습은 부럽고 신비스럽게 보이기도 한다. 그래서 그들이 말하고 행동하는 것이 성공의 원리이고 지름길이라고 여기고 초보 네트워커는 그대로 따른다. 그런데 시간이 지날수록 스폰서의 다른 모습도 보게 된다. 즉 객관적인 성공의 원리보다도 스폰서의 개인적이고 주관적인 경험과 생각들을 보게 되는 것이다.

그것이 잘못되었다는 것은 아니지만, 직급이 높아지면서 대부분의 사람들이 자신도 모르게 조금씩 변하는 것이다. 무조건 자신의 말을 따르는 파트너들로 인해 자신이 마치 모든 것을 마음대로 할 수 있는 존재가 된 것처럼 착각하는 것이다. 회사의 오너(경영자)가 된 것과 같은 원리이다. 즉 회사의 오너(경영자)는 월급을 주는 입장이기에 부하직원들에게 명령과 지시를 마음대로 할 수 있다. 자신의 말을 듣지 않거나 실적이 좋지 않으면 언제든지 그만두게 할 수 있다.

오너와 리더는 많이 다르다. 오너는 명령과 지시로 조직을 이끌지만, 리더는 동기부여와 격려로 조직을 이끈다. 오너는 결정한 것을 통보하지만, 리더는 함께 논의하고 소통을 한다. 오너는 수직적인 조직구조의 생각을 가지고 있지만, 리더는 수평적인 조직구조의 생각을 갖고 있다. 물론 오너 중에 리더의 생각과 정서를 가지고 있는 지혜로운 오너가 많이 있지만, 대부분의 오너는 위와 같다. 그런데 오히려 리더 중에 오너처럼 생각하고 행동하는 리더들이 적지 않다. 그 때문에 네트워크조직에서도 심한 갈등과 분열이 생기는 것이다.

그런 오너 마인드를 갖고 있는 리더와 함께 일을 한다는 것은 매우 힘겨운 일이다. 그렇다고 무조건 참고 견디며 고통스럽게 일할 수만은 없다. 그러니 미래를 위해서 결단을 해야 한다. 자신이 리더가 되는 것이다. 이 순간이 바로 자신 안에 잠자고 있던 리더십을 발견하는 시간이다. 대부분 위대한 리더는 이런 절박한 위기에서 탄생된 사람들이다. 뭔가 새로운 미래가 필요하다고 느끼는 시점에서 간절한 마음으로 새로운 역사가 시작되는 것이다. 이럴 때 가장 필요한 것은 용기이다. 용기 있는 자만이 미래를 얻을 수 있다.

리더십을 개발하라

네트워크마케팅에서 처음부터 탁월한 리더십을 발휘하는 사람들은 거의 없다. 대부분 선배 네트워커들에게 배우고 익히며 쌓은 리더십을 응용하는 것이다. 그런데 네트워크마케팅에 표준화된 매뉴얼이 준비되어 있는 것이 아니기에, 리더마다 모두 다르다. 그러니 초보 네트워커가 올바른 리더를 만나지 못하면 불행의 시작이 될 수도 있다. 만약 좋은 리더를 못 만났다면 스스로 좋은 리더가 되어야만 한다.

좋은 리더가 되는 방법은 이미 입증 또는 검증된 성공자나 전문가들이 쓴 책이나 칼럼, 동영상 자료 등에 많이 소개되어 있다. 필자가 진행하는 리더십 과정에서도 가장 핵심적으로 다루고 있고 권장하는 좋은 방법은 '책 읽기'이다. 역사를 만들고 이루어 온 선구자들의 지혜와 영감이 모두 담겨있는 책을 통해 미래에 대한 올바른 방향과 현재 리더로서 해야 할 일들을 엿볼 수 있다. 방향이 올바르다면 현실에서 일어나는 많은 문제들과 장애들을 순간순간의 경험과 지혜로 잘 이겨내고 슬기롭게 극복할 수 있다. 독서를 통해 머리와 가슴으로만 이해되었던 것들이 실전을 통해 확신과 믿음으로 형성되면서 결국 조직을 이끌 수 있는 강력한 리더십이 개발되는 것이다.

필자는 리더들에게 같은 책을 자주 읽으라고 권장한다. 그것은 자신이 처해있는 위치와 상황이 달라질 때마다 똑같은 내용이 다른 의미와 뜻으로 읽혀지기 때문이다. 즉 초보자 때 읽었던 책을 중간 리더가 되어 읽으면 같은 내용이 다르게 느껴지고, 마찬가지로 탑 리더가 되어서 읽으면 똑같은 내용이 완전히 다르게 느껴지는 것이다. 그래서 책은 한 번 읽고 덮어두는 것이 아니고, 수시로 읽는 것이 좋다.

네트워크마케팅은 쉽고 단순하게 시작할 수 있지만, 성공을 하기 위해서는 올바른 리더십을 통해 조직을 성장시키는 노력과 시간을 투자해야 한다. 그 투자의 중심에는 반드시 '독서'가 있어야 한다. 독서하는 리더가 위대한 리더가 될 수 있다.

리더의 길

"리더가 되면 편할 줄 알았는데, 하면 할수록 어려운 것 같아요. 파트너들은 늘 저에게 뭔가를 원하고, 스폰서들은 저에게 이제는 리더가 됐으니 다 알아서 하라고 하니 갑자기 할 일도 많아지고 책임감도 커졌습니다. 원장님, 리더가 되면 이렇게 힘든 건가요? 초보 네트워커일 때 배우기로는 리더가 되면 편하고 쉽다고 했는데."

결혼 후 동네에서 작은 북카페를 5년 간 운영하며 여유롭게 지내다가 친한 친구의 소개로 네트워크마케팅을 부업으로 시작했던 송지혜 씨. 카페를 사랑방처럼 잘 활용해서 꾸준히 부업을 한 결과 3년 만에 월 평균 소득이 500만원 정도 되는 중간 리더가 됐다. 그러다 보니 스폰서들은 이제 북카페를 정리하고 전업을 할 것을 권유하고, 파트너들은 이것저것 과한 부탁이나 도움을 요청하는 일이 빈번해졌다. 거절을 못하는 성격이다 보니 그동안 부탁이나 요청을 다 받아 주는 것이 익숙해졌는데, 핀 승급을 할수록 더 심해졌다고 했다.

"송 사장님, 네트워크마케팅에서도 리더가 성장하는 단계가 있습니다. 핀 레벨을 성취하는 것은 소득과 조직만 늘어나는 것이 아니고, 그 크기에 맞는 리더의 역할을 하는 것입니다. 그래서 리더는 끊임없이 배우며 성장하는 것입니다. 지금이 바로 성장하는 시기입니다."

성장의 시기

우리는 유아기, 청소년기, 성인기, 중년기, 노년기 등 여러 단계를 거치며 성장하게 된다. 나이만 드는 것이 아니라 각 단계에 어울리는 정신적인 성장도 함께 이루어진다면 행복한 인생을 영위할 수 있다.

공자도 "나는 나이 열다섯에 학문에 뜻을 두었고, 서른에 뜻이 확고하게 섰으며, 마흔에는 미혹되지 않았고, 쉰에는 하늘의 명을 깨달아 알게 되었으며, 예순에는 남의 말을 듣기만 하면 곧 그 이치를 깨달아 이해하게 되었고, 일흔이 되어서는 무엇이든 하고 싶은 대로 하여도 법도에 어긋나지 않았다."고 말했다. 이 말을 조금 더 구체적으로 풀어보면, 15세는 지학(志學)의 시기로 '열심히 공부하고 바른 인성을 완성하는 나이'라는 뜻이다. 즉 인격 수양과 완성을 위한 학문에 뜻을 두는 나이이다. 30세는 이립(而立)의 시기로 '부모나 스승의 슬하에서 벗어나 스스로 자립하는 나이'라는 뜻이다. 즉 마음이 도덕위에 확고하게 서서 움직이지 않는다는 뜻이다.

40세는 불혹(不惑)의 시기로 '잘못된 것에 흔들리지 않고, 미혹되지 않을 나이'이다. 즉 경험을 통해 쌓은 확신을 바탕으로 스스로 가치가 있다고 생각하는 일에 매진할 시기로, 세상일과 주변의 혼란스러운 일에 판단이 흐려지지 않는다는 뜻이다. 50세는 지천명(地天命)의 시기로 '하늘이 만든 삶의 이치와 자신의 한계를 깨닫고 원대한 꿈이 없이도 행복할 수 있는 나이'라는 뜻이다. 즉 마흔까지는 주관적인 중심으로 살았다면, 50세는 객관적이고 보편적인 진리대로 살게 되니 애를 쓰지 않아도 평온하게 살 수 있다는 의미한다.

70세는 종심(從心)의 시기로 '마음에 따라 행하여도 법도에 어긋나지 않는 나이'라는 뜻이다. 즉 이치에 따라 행동하였던 습관으로 인해 마음대로 행동해도 자연스럽게 이치대로 움직이는 경지에 다다랐다는 것을 뜻한다.

마찬가지로 네트워크마케팅에서도 리더가 성장하는 단계에 따라 배우고 익혀야 할 것들이 있다. 각 단계에 따라 성장의 시기를 거친다면 리더의 길은 훨씬 즐거운 여행이 될 것이다.

리더의 성장단계

리더의 길에 들어서서 가장 먼저 배워야 할 것은 숲을 볼 수 있는 능력이다. 쉬운 예를 들자면, 당신의 가족이 처음으로 해외여행을 가는데 편하고 즐거운 여행을 하고 싶다면, 당신이 그 나라(지역)의 역사와 문화, 환경을 미리 잘 공부해서 가족들을 안내하는 것이다. 작고 세심한 부분까지 미리 알아둔다면 별 문제없이 행복한 가족여행이 될 것이다.

이렇듯 리더가 숲을 볼 수 있는 능력을 키우면 후배 네트워커들이 편하고 안전하며 즐거운 성공여행을 할 수 있다. 그러기 위해서는 과거보다 더 많이 선배 네트워커들이 진행하는 미팅과 세미나에 적극적으로 참여해야 한다. 그런데 대부분 사람들은 리더가 되면 오히려 그런 시간들을 줄이고 후배 네트워커들 쫓아다니며 후원(리크루팅, 제품설명)하느라 바쁘게 보낸다. 그것은 숲을 보는 능력을 키우는 것보다, 계속 여기저기 나무만 심으러 다니는 꼴이다.

그 다음 두 번째 단계는, 숲을 아름답게 가꾸는 일이다. 다양한 연령층과 계층들이 모두 누리고 안식할 수 있는 숲을 만드는 것이다. 그것은 풍부한 경험과 지식이 담겨진 다양한 교육 프로그램으로 해결될 수 있다. 최대한 많은 네트워커들이 자신의 경험과 지식을 쏟아낼 수 있는 장(場)을 만든다. 이것은 리더의 그릇이 크지 않으면 안 된다. 대부분 자신이 혼자 다 하려고 하는 욕심이 있기 때문이다. 현명한 리더는 자신보다 뛰어난 파트너들에게 기회와 장(場)을 많이 만들어 준다.

세 번째 단계는, 숲의 일부분이 되는 것이다. 이 때는 숲의 자연스러움에 동화되어 함께 호흡하며 지내는 단계이다. 성공한 리더들은 순리대로 조직을 운영한다. 자신의 색깔을 강조하지 않고 조직의 흐름에 맞춰 자신의 역할을 한다. 반대로 실패한 리더들은 최고 위치까지 올라가서도 자신을 돋보이려 애쓰다가 한 순간에 무너진다. 숲의 일부가 되는 것을 거부했기 때문이다.

네트워커들이 리더가 되기를 희망하지만 정작 리더가 된 후 배움을 멈추고 후배들에게 꼰대(?)처럼 행동하면 더 이상 미래는 없다. 가족처럼 변함없는 사랑과 행복을 누리고 싶다면 리더의 길에서 벗어나지 않고 보조를 맞추고 함께 걸어가는 노력과 지혜가 필요하다.

행복한 동행, 불행한 동행

"저는 요즘 매일 아침 눈뜰 때와 저녁에 잠자기 전 감사한 생각에 눈물을 흘리며 지내고 있습니다. 어떻게 저에게 이런 행운이 왔는지, 생각만 해도 너무나 행복한 마음에 눈물이 난답니다. 경험도 지식도 없는 평범한 주부였던 저는 그저 그룹의 시스템에 파트너들과 함께 꾸준히 참석만 했을 뿐인데 이런 날이 오다니…, 앞으로도 저는 그저 감사한 마음으로 원장님 말씀대로 늘 변치 않는 소나무처럼 지내겠습니다."

남편과 세 자녀의 뒷바라지를 하며 현모양처로 25년을 살아온 현미자 씨. 남편이 뇌경색으로 쓰러지며 갑자기 생계가 막막해진 후 지인의 소개로 네트워크마케팅을 시작했고 3년 만에 최고 직급자가 되었다. 그후 평범한 주부임에도 다양한 직업과 경험이 풍부한 파트너들로부터 가장 존경받는 리더로 인정받고 있었는데, 회사에서 주최한 글로벌 리더십 포럼에서 각 그룹 리더들이 추천한 가장 함께 일하고 싶은 '훌륭한 리더상'을 수상한 것이었다.

행복한 동행의 시작

초보 네트워커의 즐거움은 지금까지 살아왔던 세상과는 전혀 다른 새로운 세상인 네트워크마케팅의 신비한 시스템과 문화를 배우는 데 있다. 그 시스템과 문화가 과거에 잃어버렸던 자신의 꿈을 다시 이루어 줄 수 있는 도구라는 것을 느끼면 느낄수록 네트워크마케팅의 매력에 푹 빠져드니 매일 즐겁고 재미있는 것이다. 그런데 이런 네트워크마케팅은 누구에게는 행복한 비즈니스가 되지만 또 누구에게는 불행한 비즈니스가 된다.

행복한 비즈니스와 불행한 비즈니스의 갈림길은 '사람'에 있다. 그 사람은 바로 스폰서란 존재이다. 개인이 될 수 있고, 팀이 될 수 있다. 즉 자신의 바로 위 스폰서인 개인 또는 위의 모든 업라인(up-line) 스폰서들이다. 좋은 스폰서를 만나면 그와 행복한 동행을 할 수 있고, 그렇지 못한 스폰서를 만나면 불행한 동행을 할 수 있게 된다. 그래서 네트워크마케팅의 성공 요소에 '스폰서를 잘 만나야 한다'는 항목도 있는 것이다.

필자가 30여 년간 네트워커들 교육과 컨설팅을 해오면서 가장 많은 질문을 받는 것이 바로 스폰서에 대한 불평, 불만이다.

아마 앞으로도 마찬가지일 것이다. 왜냐하면 스폰서가 파트너에게 아무리 잘한다고 해도 파트너 입장에서는 그것은 스폰서로서 당연히 해야 할 것이라고 여기고, 조금만 소홀히 하면 그것은 스폰서가 제 역할을 못 한다고 여기기 때문이다. 그래서 늘 스폰서만 억울(?)한 입장인 것이다.

그러니 그 질문에 대한 명쾌한 정답은 없다. 단지 불평, 불만에 대한 원인분석과 이해를 권할 뿐이다. '스폰서는 네트워크마케팅의 신이 아니다', '스폰서는 부모와 같은 존재이다', '스폰서가 네트워크마케팅에 대한 정보를 전달해 준 것만으로도 은인(恩人)이다', '스폰서는 성공의 길을 함께 걸어가는 동반자이다' 등으로 스폰서에게 많은 것을 바라지 말고 부모처럼 그 자리에 있기만 해도 고마운 존재라는 것으로 이해시킨다.

그러면 긍정적인 네트워커들은 대부분 곧바로 자신의 생각을 바꿔 스폰서에 대한 불평, 불만을 접고 스폰서에 대한 고마움과 존경심으로 대체한다. 그 순간부터 기적처럼 스폰서와의 행복한 동행은 시작된다. 스폰서들 역시 그런 파트너들의 변화에 상대적으로 좋은 변화를 한다. 그것이 바로 인지상정(人之常情)이다. 즉 사람 사이에는 서로 좋은 영향을 주고받는 것이다.

행복한 동행의 길

안타깝게도 바뀌지 않는 스폰서가 있다. 인성(人性)이 바르지 않은 스폰서이다. 파트너들이 아무리 변화하고 노력해도 그의 생각과 태도는 바뀌지 않고, 자신의 실력과 권위로 파트너들에게 명령과 지시를 하며 자신을 따르라고 요구한다. 마치 파트너들이 자신의 아랫사람이나 부하인 것처럼. 결과는 뻔하다. 이런 스폰서와의 불행한 동행은 결국 오래가지 못하게 되고 시간이 흐를수록 지치고 힘든 파트너들은 하나둘씩 떠나게 되는 것이다.

향기가 나는 사람의 곁에는 늘 따르는 사람이 있고, 악취가 나는 사람의 곁에는 있던 사람도 떠나게 된다. 그러니 네트워크마케팅에서 성공하려면 향기 나는 리더가 되도록 노력해야 한다. 그러면 파트너들과 오랫동안 행복한 동행을 할 수 있게 된다. 향기 나는 리더가 되는 방법은 쉽지만, 자칫 소홀히 하는 순간 썩어버려 악취가 나게 되니 늘 신경을 바짝 써야 한다.

향기 나는 리더가 되려면 첫째, 포장하지 말고 솔직하게 말하고 행동한다. 파트너들은 또 하나의 가족이다. 가족처럼 오랜 시간을 함께 지내므로 당신의 성격과 지식, 습관 등이 자연스럽게 노출된다. 그것이 비즈니스에 도움이 될 수도 있고, 약점이 될 수도 있다. 좋은 성격, 다양한 지식, 좋은 습관이라면 당연히 도움이 되겠지만, 그렇지 않을 경우 약점이 된다. 하지만 이런 약점을 아닌 척, 있는 척, 좋은 척하며 포장하려고 애쓰다 보면 오히려 독이 되니 이럴 땐 아예 솔직하게 대하는 편이 낫다.

둘째, 파트너들을 섬기는 마음으로 대한다. 파트너들이 나를 따르는 사람이 아닌 인생길을 함께 하는 동반자라는 생각으로 그 길을 안내하는 안내자가 되는 것이다. 걸음이 빠른 사람, 느린 사람, 말 많은 사람, 조용한 사람, 즐기는 사람, 힘들어하는 사람 등등 다양한 동반자들을 목적지까지 잘 안내하기 위해 배려하고, 포용하고, 용서하고, 인내하는 리더가 되는 것이다. 즉 서번트(servant) 리더가 되는 것이 행복한 동행의 지름길이다.

흔들리는 리더십

"지난 주 리더십 세미나에 다녀온 후부터 일주일 내내 혼란스러워서 일이 손에 잡히지 않고 있습니다. 3년 간 열심히 해왔던 제 그룹의 비즈니스 방법 이 잘못된 것인지, 앞으로는 어떻게 해야 하는 것이 맞는 것인지 고민에 빠졌 습니다. 파트너들도 세미나 이후 저와 같은 상태입니다. 스폰서인 친구는 걱 정하지 말고 지금까지 해왔던 대로 앞으로도 하라고 말해 주었지만 제 마음 은 편치 않습니다. 이 상태로는 일에 집중하기가 너무 어려워 이렇게 원장님 을 찾아 온 것입니다. 원장님의 지혜로운 말씀을 꼭 듣고 싶습니다."

대학 졸업과 동시에 결혼을 한 후 대기업 해외부서 팀장인 남편을 따 라 10여 년간 해외에 거주하며 두 아이 육아에만 집중했던 권예지 씨. 귀국 후 처음 참석한 대학 동창 모임에서 가장 친한 친구로부터 네트워 크마케팅을 소개받고 적극적으로 활동한 결과 3년 만에 탑 리더가 되었 고, 상위 그룹으로부터 독립해 그룹대표의 역할도 잘 해왔다. 그런데 회사에서 주최한 리더십 세미나에 참석해서 다른 그룹의 더 높은 직급자의 비즈니스 성공방법을 배운 후 혼란에 빠진 것이다.

"권 사장님, 네트워크마케팅에서 성공한 리더들의 스토리는 모두 다릅니다. 마찬가지로 각자의 경험과 지식에 의해서 비즈니스 방법도 다릅니다. 그러니 권 사장님보다 현재 직급이 더 높다는 이유만으로 더 특별하고 좋은 방법이라고 할 수는 없습니다. 오히려 3~5년 후 권 사장님이 더 높은 직급이 될 수도 있습니다. 그 때는 권 사장님의 비즈니스 방법이 더 인정받을 수 있는 것이지요. 원칙과 기본에 충실한 그룹의 시스템이라면 전혀 문제가 되지 않습니다."

리더들의 딜레마

네트워크마케팅에서는 다양한 성공의 방법이 존재한다. 국가별, 지역별, 연령별, 경험별, 지식별 등 별의별 다른 방법들이다. 그 방법들은 주로 성공한 리더의 삶의 방식(라이프스타일)에 따라 정해진다. 즉 성공한 리더의 태어난 국가, 지역, 경험, 지식, 연령 등의 영향을 받아 만들어진 것이다. 그 중에 가장 큰 영향을 끼치는 것은 그 리더의 경험과 지식이다. 네트워크마케팅을 만나기 전 사회생활에서 겪은 경험과 지식이 대부분 그 이후의 비즈니스 생활에 적용되는 것이다.

그래서 네트워크마케팅에서 어느 정도 성공한 위치에 올라가면 과거에 보이지 않았던 것들이 보이기 시작한다. '남의 떡이 커 보인다'는 현상이 나타나는 것이다. 지금까지 해왔던 일들을 뒤돌아보면 뭔가 부족하고, 아쉽고, 미완성 작품 같은 생각이 드는데, 큰 규모의 세미나 또는 행사에서 타 그룹의 리더가 성공한 방법이라며 풀어놓는 보따리가 특별해 보이는 것이다. 이 때 대부분 리더들은 마음이 불편해진다. 자신의 일하는 방식이나 방법에 대한 확신이 흔들리기 때문이다.

그것은 말 그대로 남의 떡이 커 보일 뿐이다. 그 이상도 그 이하도 아니다. 그 강의한 리더의 조직에 들어가서 몇 년 동안 활동해보지 않으면 알 수도 없고 느낄 수도 없는 것이다. 마치 행복해 보이는 사람과 친해져서 대화를 나누어보면 자신보다 더 힘들고 어려운 생활을 하고 있다는 것을 알아버리는 것처럼 겪어보지 않으면 알 수 없는 것이다. 오히려 알고 보면 자신의 그룹이 그런 그룹보다 더 알차고 재미있게 일하고 있을 수도 있다.

네트워크마케팅에서 성공의 정답은 없다. 그저 자신의 경험과 지식을 최대한 활용해서 성공하면 되는 것이다. 단 진정한 성공을 이루기 위한 노력은 기울여야 한다. 즉 자신뿐만이 아니라 경험과 지식, 환경이 다른 다양한 파트너들과 함께 성공하기 위해서 모두가 공유할 수 있는 원칙과 기본에 의한 방법을 만들어 적용해야 한다. 그러기 위해서는 모든 방법들을 표준화, 단순화, 체계화시켜 모두가 쉽고, 빠르게 '복제'할 수 있도록 정리하면 된다. 이렇게만 한다면 주위에서 아무리 특별한 방법이 나타난다고 해도 전혀 흔들리지 않을 수 있다.

뿌리깊은 나무

대한민국은 세계지도에서 보면 꽤 작은 나라이다. 국토면적이 작은데다가 자랑할 만한 천연자원도 없다. 거기에다가 나라도 반쪽이라 늘 긴장감이 맴돈다. 그나마 다행인 것은, 봄 여름 가을 겨울의 사계절이 뚜렷해서 각 계절의 향기와 분위기를 마음껏 누릴 수 있다는 것이다. 어쩌면 이런 사계절 덕분에 우리 대한민국 사람들이 열정적으로 살아온 것이 아닐까? 더운 여름을 견뎌내고 추운 겨울을 이겨내며 봄, 가을의 따뜻함과 여유로움을 느낄 수 있기에 다혈질(?)적인 DNA가 몸속에 흐르고 있는 듯하다. 그래서 네트워크마케팅 비즈니스도 잘 하는 것 같다. 시시각각 변하는 유통의 흐름에 적응을 잘하면서도 시시때때로 변하는 사람들의 마음을 잘 헤아리다 보니 전 세계 매출 2위(2022년 기준)를 기록할 정도이니. 하지만 다른 한편으로는 여전히 수많은 피해자(실패자)를 양산하고 있다. 그것도 합법적인 회사 내에서. 그 대부분은 리더들의 리더십에 원인이 있다. 원칙과 기본에서 벗어나 자신의 욕심과 명예를 우선순위로 생각하며 앞으로만 달리는 리더들은 수많은 순진무구한 파트너들을 실패의 구렁텅이로 몰아가고 있다.

그들은 사계절에 적응하는 다혈질적인 DNA를 물려받았어도 계절의 흐름을 따르는 지혜는 배우지 못한 것 같다. 진정한 리더는 봄 여름 가을 겨울이 주는 지혜를 잘 활용한다. 즉 서두르지 않고 조급해하지 않고 묵묵히 계절의 흐름을 따르는 것이다. 특히 앞으로 오랜 세월 동안 좋은 열매를 꾸준히 얻기 위해 뿌리를 깊고 튼튼하게 내리는 노력과 정성을 기울인다. 눈앞의 이득과 명예에 유혹되지 않고, 먼 미래에 많은 사람들이 누릴 행복을 위해 한 그루 한 그루 정성스럽게 나무를 심고, 뿌리를 깊게 내리며 때를 기다리는 것이다. 자연의 순리에 순응하며 자연스럽게….

초 심(初 心)

"요즘 센터의 분위기가 예전 같지 않아요. 파트너들 얼굴에서 미소를 찾아보기 어렵고, 미팅과 세미나에 참여하는 인원도 늘 똑같고, 새로운 얼굴은 최근 몇 달 동안 거의 없었습니다. 일을 안하는 것도 아니고 못하는 것도 아닌데 도대체 뭐가 문제인지 알 수가 없어요. 그런데 지난주 제가 가장 믿고 의지하고 있는 파트너에게서 충격적인 말을 듣고 고민에 빠졌습니다. 제가 초심을 잃었다는 겁니다. 제 마음이 변한 것은 하나도 없는 것 같은데 몇 년 동안 저와 동고동락했던 파트너 입에서 그런 말이 나온 것입니다. 원장님의 조언을 듣고 싶습니다."

대기업 마케팅부서에서 8년간 근무하다가 친척의 권유로 네트워크마케팅을 시작해서 2년 만에 탑 리더가 되었고, 곧바로 그룹을 독립 후 승승장구하던 설민현 사장. 패기가 철철 넘치는 모습에서 누가 봐도 성공한 사람처럼 여겨졌다. 그런데 많은 시간의 대화를 통해서 역시 필자도 그가 초심을 잃었다는 느낌이 들었다.

"셜 사장님, 회사의 오너가 초심을 잃으면 회사의 비전이 사라지는 것처럼, 리더도 초심을 잃으면 조직의 미래가 사라집니다. 초심은 회사와 조직의 뿌리이자 열매입니다. 회사의 오너와 조직의 리더는 늘 초심을 잃지 않도록 노력해야 합니다."

초심은 방향이다

사람의 마음은 변화무쌍하다. 하루에도 수없이 자주 마음이 바뀐다. 그러니 어제의 그 사람이 오늘의 그 사람이 아니다. 즉 어제와 오늘 똑같은 사람을 만나도 외형적인 모습은 어제 만난 똑같은 그 사람이지만, 마음은 어제와 오늘이 다른 사람일 수 있다는 것이다. 그런 원리라면, 몇 달 또는 몇 년 만에 만난 지인(가족, 친척, 친구, 동료 등)이 외모는 그대로일지라도 마음은 엄청 달라진 사람이 아닐까? 그래서 대부분 사람들은 마음이 한결같은 사람을 좋아하는 경향이 있다. 처음 보고 느꼈던 그 모습이나 마음이 시간이 지나도 변치 않고 그대로 간직한 채로 다시 볼 수 있기를 바라는 것이다.

덕분에 인간이 가장 좋아하는 것이 산과 바다와 같은 자연(自然)이다. 변치 않고 그 자리에서 그 모습을 그대로 유지하고 있기 때문이다. 그 중에서도 단연코 인기가 가장 많은 존재는 소나무이다. 즉 봄여름가을겨울이라는 자연의 변화 속에서도 한결같이 변치 않는 모습을 꿋꿋하게 유지하고 있기 때문이다. 그러다 보니 사람들 중에서도 한결같은 모습을 보이는 사람을 소나무에 비유하면서 칭찬을 아끼지 않는다. 그래서 그들을 '믿을만한 사람'이라고 여기는 것이고, 마음이 자주 바뀌는 사람을 '믿을 수 없는 사람'이라고 여기는 것이다.

정치, 경제, 사회, 문화, 스포츠 등 다양한 분야의 어디에서나 사람들이 모인 조직에서 리더를 뽑을 때는 그 분야의 목적과 본질에 가장 잘 어울리는 사람을 선출한다. 그 리더의 역할과 자세는 바로 그 조직의 표준이자 본보기가 되어 그 조직이 순항하는데 도움을 주게 된다. 하지만 그 리더가 변심(變心)을 하거나 제대로 역할을 못하면 곧바로 그 조직의 구성원들에 의해 그 자리에서 끌려 내려온다. 그리고 다시 그 목적과 본질에 어울리는 리더를 찾아 역할을 부여한다.

초심(初心)은 방향이다. 방향은 목적이자 이유이다. 즉 개인이 조직을 만들고 그 조직이 성장하고 성공할 수 있는 것은, 조직 구성원들이 가고자 하는 방향과 이유를 리더가 늘 알려주고 솔선수범하는 모습을 한결같이 보여주기 때문이다. 처음 마음먹었던 것을 변치 않고 추구하다 보니 그 방향과 함께하고 싶은 사람들이 하나 둘씩 모여 조직을 이루게 되고, 그 조직은 계속 그 방향으로 가면서 성장하는 것이다. 그런데 리더가 마음이 바뀌면 조직이 방향성을 잃게 되고 더 이상 함께 가고자 하는 마음이 없어지는 것이니, 조직은 하루아침에 무너질 수 있는 것이다.

초심을 잃지 마라

네트워크마케팅에서 리더들이 고민하는 대부분은 '파트너들이 예전(?)처럼 잘 따라주지 않는다'는 것이다. 네트워크마케팅 초보자 때부터 상위 직급인 탑 리더가 될 때까지 매일 만나도 또 만나고 싶을 만큼 가족처럼 지내며 함께 울고 웃었던 파트너들이 어느 순간부터인가 다시 남처럼 느껴지거나 더 나쁜 관계로 돌변하기도 한다. 이때 대부분 리더들은 적잖은 배신감(?)을 느끼기도 한다. 그리고 그 모든 것의 원인은 상대방인 파트너에게 있다고 여긴다. 하지만 지혜로운 리더는 혹시 자기한테 문제가 있는 것은 아닌지 자신을 되돌아본다.

그렇다. 대부분의 원인은 조직을 이끄는 리더에게 있다. 바로 초심을 잃은 것이다. 리더가 될 때까지는 '성장'하는데 모든 노력을 집중했기에 따르는 파트너들도 같은 방향으로 힘을 모아서 좋은 성과(열매)를 얻을 수 있었다. 그런데 리더가 된 후 '유지'하는데 신경을 쓰다 보니 방향을 잃어버려 조직 성장의 힘까지 빠져버린 것이다. 물론 리더 자신은 자나 깨나 파트너들의 성장을 위해 애를 쓴다고 생각하고 있지만, 파트너들이 피부로 느끼는 것은 그렇지 않다. 오히려 리더가 자기 위치(핀)를 지키기 위해 애쓰는 것처럼 보여 질 수 있다.

리더가 되는 순간부터 개인이 아닌 공인이기 때문에 자신의 순수한 의도와 상관없이 괜한 시기와 질투를 받게 된다. 그 위치(직급)에 도달하기 전에 함께 고생했던 동료나 파트너들한테 조차 그런 일을 당할 수 있다. 그 위치(직급)가 되기 전 과거와 똑같은 말과 행동을 리더가 된 후에 하더라도 받아들이는 상대방이 전혀 다른 의미로 해석할 수 있는 것이다. 이 때 변명이나 해명을 하려고 애쓰면 애쓸수록 상황은 더 나빠진다. 더 위험한 것은, 상대방(파트너)이 그렇게 반응하는 것 때문에 자존심이 상하고 기분이 나빠서 상대방(파트너)을 멀리하거나 전과 다르게 대한다면 돌이킬 수 없는 나쁜 관계가 되어 버린다.

그저 그 자리에서 꿋꿋하게 초심을 잃지 않는 모습으로 파트너들에게 소나무처럼 한결같은 모습의 리더라는 것을 느끼게 해야 한다. 참고 견디는 인내의 시간이 필요하다. 위대한 리더가 되는 핵심은 '초심을 잃지 않는 것'이다.

성공의 길

성공이란 가치 있는 목표를 설정하고 성장하는 과정이다. 대부분
사람들은 목표를 이룬 것을 성공이라고 여기고 있다. 그러나
성장하는 과정이 없으면 목표를 달성하는 것도 불가능하기 때문에
진정한 성공은 이미 과정에서 만들어지는 것이다.

서울에서 부산으로 가는 교통편이 버스, 기차, 자동차, 비행기 등
다양하게 있듯이 네트워크마케팅에서 성공으로 가는데도 다양한
방법이 있다. 가장 중요한 것은 방향이다. 서울에서 부산으로 가는데
방향이 남쪽이 아닌 북쪽으로 가면 아예 시작부터 잘못된 것이다. 그
다음이 속도이다. 속도의 흐름에 따라 성공을 즐길 수 있다.

승급에 도전하라

"저는 그 누구보다도 네트워크마케팅을 좋아합니다. 이 일이 정말 재미있어요. 그런데 5년이나 지났는데도 성장을 전혀 못했습니다. 그 동안 많은 사람들을 초대했지만 대부분 1년을 못 버티고 포기했어요. 이렇게 좋은 일인데 왜들 그렇게 쉽게 포기하는지 도저히 이해가 안 됩니다. 저는 앞으로도 계속하고 싶은데, 사실 앞은 보이지 않습니다. 원장님, 제가 어떻게 해야 되는 건가요?"

과거 소위 잘나가던 연재욱 사장. 외환위기 여파로 회사가 부도로 어려운 시절을 겪고 있을 때 후배의 소개로 네트워크마케팅을 만났다.

사람을 만나 네트워크마케팅의 비전을 전달하는 것이 너무 재미있는 일이라고 느끼며 열심히 일했다.

그러나 문제는 5년이 지난 지금 달라진 것은 거의 없는 상태였다. 소득도 일반 직장인의 월급보다 적은 편이고, 핀 레벨도 5년 전 그대로였다.

필자는 몇 주 동안 연재욱 사장과 함께 어울리며 그 원인을 찾아보았다. 만나는 사람에게 사업에 대한 비전을 잘 전달하고, 제품에 대한 지식도 풍부하고, 일에 대한 자부심과 성실함 등 나무랄 데가 하나도 없었다. 하지만 역시 큰 문제를 하나 발견할 수 있었다.

그것은 바로, 연재욱 사장이 핀 승급에 대한 도전 의욕이 별로 없다는 것이다.

"연재욱 사장님, 네트워크마케팅은 복제 사업입니다. 연 사장님이 변하지 않으면 파트너나 고객들도 변하지 않습니다. 연 사장님이 승급 목표를 정하고 도전해야 합니다. 그것이 파트너들에게는 가장 큰 비전입니다. 파트너들은 스폰서의 성장을 보면서 용기를 얻어 도전을 합니다. 좋은 정보만 전달하는 것만으로는 파트너들이 성공하기 어렵습니다. 스폰서의 도전과 성장이 파트너들에게는 가장 강력한 동기부여가 됩니다."

보여주는 것이 비전이다

네트워크마케팅이 다른 사업보다 성공 확률이 훨씬 높은 것은 보여줄 것이 많이 있기 때문이다. 또 자주 보여주기 때문에 사람들에게 집중력을 높여줄 수 있어서 성공의 길에서 벗어나지 않게 해준다.

고객에게 네트워크마케팅의 비전을 전달하는 가장 효과적인 방법은 '보여주는 것'이다. 그렇다면 그런 비전을 느끼고 회원이 된 초보 네트워커들에게는 무엇이 성공하는데 필요한 비전일까? 그것도 역시 스폰서가 성장하는 모습을 '보여주는 것'이다.

네트워크마케팅 비즈니스에 대한 매력이나 비전은 '정보'를 통해 전달받지만, 네트워크마케팅에서 성공하는 방법은 '스폰서의 성장'을 보면서 배우는 것이다.

그래서 이런 네트워크마케팅의 성공 원리를 잘 알고 있는 리더들은 매달 행사를 통해 선배 네트워커들이 핀 성취하는 모습을 후배 네트워커들에게 보여준다. 자신의 스폰서들이 승급하는 것을 보는 후배 네트워커들은 그 모습이 자신의 미래라는 것을 알기에 더욱 진한 동기부여를 받는다.

필자는 성공하는 그룹과 실패하는 그룹의 차이를 행사로 평가한다. 성공하는 그룹의 행사는 핀 승급 축하 시간이 화려하면서도 진한 감동이 있다. 실패하는 그룹은 강의만 많고 핀 승급 축하 시간이 없거나, 있다고 해도 초라하고 형식적이다.

즉 성공하는 그룹은 보여줄 것이 많고, 실패하는 그룹은 보여줄 것이 없어 지식(정보)만 전달하는 것이다.

목표가 사람을 성장시킨다

네트워크마케팅에는 세상의 온갖 성공의 원리가 다 담겨져 있다. 그 중에 가장 강력한 작용을 하는 성공의 원리가 '목표'이다. 동서고금을 통해 성공한 사람들의 공통적인 요소는 꿈을 갖고 있었다는 것이다.

평범한 사람들이 네트워크마케팅에서 성공할 수 있는 것은 바로 꿈을 꾸는 것으로부터 시작하기 때문이다.

꿈을 꾼다는 것, 즉 목표를 설정한다는 것은 이미 성장하겠다는 의지이다. 목표가 클수록 큰 성장을 한다. 목표가 작다면 성장도 작다. 그래서 성공한 사람들은 대부분 목표를 크게 설정하라고 한다. 목표가 크면, 그 목표를 이루기 위해 필요한 방법을 찾게 된다. 또한 그 목표에 어울리는 사람들에게 관심을 갖게 된다.

필자가 초보 네트워커들을 훈련할 때 가장 많이 활용하는 것이 있는데, 첫 번째는 책을 통해 백만장자 마인드를 가지게 하는 것이고, 두 번째는 백만장자가 주최하는 행사를 보여주는 것이다. 우선 책을 통해 백만장자들이 성공한 과정과 라이프스타일을 배워 꿈을 꾸게 하고, 그 다음 그 꿈을 현실로 이룬 행사를 보여주어 가능성을 느끼게 하는 것이다.

그 후 그들은 큰 목표를 설정하고 그 목표를 이루기 위한 계획과 방법을 매일 반복한다. 또한 행사에서 봤던 무대에서의 성공자 모습도 생생하게 상상하며 자신의 미래 모습을 그린다. 이런 것을 반복하고 반복하다보면 그들은 어느새 성공자의 모습을 닮아가고 있다.

자신의 능력에 맞는 목표를 설정하지 마라. 최대한 자신의 능력을 훨씬 뛰어넘는 높은 목표를 설정하라. 그러면 그동안 보이지 않았던 것이 보일 것이고, 그동안 관심을 갖지 않았던 것에 관심을 갖게 되어 결국 당신의 능력보다 더 많은 것을 얻게 될 것이다.

파트너는 당신의 목표에 어울리는 사람으로 변하게 되고, 그들 역시 당신처럼 성공할 것이다. 파트너의 미래는 당신의 목표에 달려있다. 승급에 도전하라!

직급과 소득

——— 66 ———

"이번에 회사에서 주최하는 컨벤션에서 꼭 다이아몬드 직급을 달성해서 무대에 올라 핀 수여식과 스피치 하는 모습을 보여줘야 하는데 고민이 많습니다. 지난번 에메랄드 직급을 달성할 때도 부족한 점수 때문에 대출을 받아 겨우 해결했는데 이번에는 그럴만한 여력도 없고 파트너들은 여전히 저만 쳐다보고 있습니다. 파트너들이 지난번 직급을 달성할 때 거의 제가 밤낮없이 전국을 뛰어 다니며 조직을 만들었거든요. 그러면 파트너들이 알아서 관리를 잘할 줄 알았는데 그 이후 하나도 변한 게 없습니다. 답답해 미치겠습니다. 어쨌든 저는 타 그룹 리더들 보기 창피해서라도 이번에 꼭 다이아몬드가 돼야 합니다. 그래야 소득도 두 배로 올릴 수 있구요."

——— 99 ———

직급과 소득에 대한 착각

네트워크마케팅의 매력 중에 하나가 높은 직급에 올라가면 특별한 대우를 받는 것이다.

회사에서 주최하는 행사 때마다 맨 앞좌석의 VIP석이 준비돼 있어 모든 사람들의 부러움을 산다. 또 일 년에 한 두 번씩 세계의 유명한 휴양지로 가족과 함께 떠나는 탑 리더들만을 위한 해외여행 기회가 주어진다.

그리고 일반 사업자들과 단체로 함께 떠나는 여행 때에는 특별 좌석이나 호텔에서도 차별화된 고급 룸을 제공 받는다. 조금 더 역동적인 회사는 탑 리더들에게 고급승용차를 제공하기도 한다. 다시 말해서 모든 것에 대한 최고의 대우를 받는 것이다. 그러니 평생 평범한 인생을 살아온 사람들에게는 인생역전의 환상적인 삶을 경험하게 되는 것이다.

그런 특별한 대우와 라이프스타일을 얻기 위해서 네트워커들은 직급에 도전을 한다. 그런데 보상플랜에 명시된 직급에 대한 소득은 직급 달성에 충족한 조직력을 갖췄을 때 가능한 것이다. 즉 직급 달성 시 필요한 조건인 라인 수와 매출액에 대한 보너스를 지급하는 것이기 때문에 직급 달성 후에 직급에 어울리는 라인 수와 매출액이 유지가 되지 않는다면 소득은 적어질 수밖에 없다.

이렇게 상식적인 내용인데도 대부분의 네트워커는 착각을 하고 있다. 직급 달성만 하면 그 직급에 해당되는 소득이 계속 발생되는 줄 알고 있는 것이다. 보상플랜을 정확히 이해하고 있는 소수의 리더, 네트워커들만 제대로 알고 있을 뿐이다. 그러다 보니 직급 달성 후 몇 개월이 지나서 변화가 없는 사람들 중 적잖은 사람들이 사업을 포기하게 된다.

그 이유는 간단하다. 보상플랜의 조건에 맞게 조직을 만들지 않았기 때문이다.

대부분 직급 도전을 할 때, 등록만 해놓고 적극적으로 비즈니스를 하지 않는 파트너의 회원코드로 제품을 구입해 매출액 조건을 맞춘다. 그렇게 하려면 목돈이 들어가야 하는데 직급 달성이 되면 소득이 많이 나올 거란 생각에 일단 목돈을 투자(?)하는 것이다.

그러니 일시적으로 직급은 달성할지 몰라도 그 후에 직급에 어울리는 조직이 없으니 재구매나 재매출이 일어나지 않아 직급 유지가 어려울 수밖에 없다. 그나마 능력이 있는 네트워커는 뛰고 다니며 제품도 팔고, 소비회원도 만들어 겨우 뒷수습을 하기도 하지만 대부분은 그렇지 못하다. 결국 시간이 지날수록 투자했던 목돈은 소득으로 해결도 못하고 빚만 지는 꼴이 된다.

직급 달성보다 유지가 더 중요하다

이렇듯 직급을 달성했다고 모든 것이 좋아지는 것이 아니라, 직급 달성 후 유지할 수 있는 실력과 조건을 만들 수 있어야 한다. 정상적인 회사의 모든 보상플랜은 과학적으로 만들어졌다. 일시적으로 유혹하는 보상플랜은 없다. 계속 승급을 한다는 것은 조직이 계속 늘어나는 것이고 활동적인 파트너들의 역할이 커진다는 얘기다.

그렇다면 상식적으로 비즈니스를 해야 한다. 다시 말하면 네트워크마케팅의 기본 원리인 복제에 모든 것을 집중해야 하는 것이다. 그 정답은 보상플랜에 있다. 최대한 보상플랜에 맞는 조직을 구성한다. 억지로 맞추려고 하지 말고 정확한 전략을 세워 조직을 구성한다.

첫 번째, 파트너를 사업자, 부업자, 소비회원으로 구별을 해서 시간 관리를 한다. 사업자는 당신과 함께 조직의 리더 역할을 할 사람이다. 그들에게는 회사와 그룹의 모든 시스템과 문화를 공유하는 시간이 필요하다. 즉 모든 미팅과 행사에 빠지지 않고 함께 다닌다. 나중에 손발이 척척 잘 맞을 정도가 되면 복제가 완전히 된 것이다. 이들이 승급 대상자이다.

부업자는 그룹의 시스템 교육(부업자 교육, 홈미팅, 주말세미나 등)에 안내할 정도의 시간만 할애한다. 즉 짧은 시간 동안 집중적으로 관리하는데 개인적인 관리보다 그룹의 시스템을 최대한 활용한다. 소비회원 역시 개인적 만남 시간을 짧게 하면서 소개를 받는 습관을 만든다. 소개를 통해 사업자, 부업자, 소비회원을 자연스럽게 만들어 가는 것이다.

두 번째, 보상플랜에 맞는 목표계획서(조직도)를 작성한다. 파트너 중에서 주로 사업자 중심으로 승급 도전의 목표를 설정한다. 정상적인 사업자에게는 대부분 부업자, 소비회원이 팀을 이루고 있기 때문에 평소 관리만 잘 한다면 매출 목표를 설정할 때 수월하다. 대부분 유지에 실패하는 네트워커들이 활동적인 부업자, 소비회원이 없기 때문이라는 것을 명심하라.

팀워크는 직급과 소득을 유지하는 핵심이다. 그러므로 팀워크를 강화하는데 모든 노력을 기울여야 한다. 팀워크가 잘 된 조직은 직급 도전과 달성을 수월하게 한다. 네트워크마케팅에서의 진정한 성공은 직급에 맞는 조직을 구성하는 것이다. 그리고 유지하고 성장시키는 것이다.

꿈의 크기

사람은 대부분 어린 시절을 그리워한다. 천진난만했던 그때를 생각하면 누구나 미소를 짓는다. 그 이유는 명확하다. 어릴 때는 세상물정을 모르고 생각하는 대로 이뤄질 수 있을 거라는 믿음이 있었고 아무런 제약을 받지 않았기 때문이다. 마찬가지로 학창시절을 그리워한다. 사회에 눈을 뜨기 시작하면서 미래의 삶에 대한 고민을 하면서도 가능성에 대한 기대를 갖고 있었기 때문이다.

그러나 그 후 수년에서 수십 년을 사회생활을 하면서 어린 시절 그리고 학창시절 때 갖고 있었던 꿈을 대부분 접어버리고 만다. 아니 어느 때부터인가 자연스럽게 꿈을 꿨던 것을 잊어버리게 된다. 사회생활을 오래 할수록 그런 현상은 더 진하게 나타난다. 결국 꿈꿨던 것보다는 현재 하고 있는 일에 맞추는 삶에 익숙해지게 된다.

그리고 그 일이 평생 지속되기를 바랄뿐이다. 하지만 안타깝게도 시대는 빛의 속도로 변하고 있고, 하루아침에 수백 개의 일이 사라지고, 수많은 새로운 일이 생겨나면서 안정적인 일에 대한 믿음을 가질 수 없게 됐다. 하던 일을 꾸준히 하면 좋겠지만 그랬다가는 몇 년 안에 빈털터리가 돼 버릴 수도 있으니 늘 불안함을 갖고 살아갈 수밖에 없는 지경이 된 것이다.

네트워크마케팅도 역시 시대의 흐름과 유통의 변화로 인해 생겨난 시스템이다. 판매방식이 인맥을 통해 진행되다 보니 말도 많고 탈도 많지만 정상적인 방법으로만 진행된다면 세상에서 가장 단순하고 합리적인 시스템이다. 특히 사람들에게 잃어버렸던 꿈을 다시 찾을 수 있는 기회를 줄 수도 있다. 이것이 바로 네트워크마케팅이 갖고 있는 최고의 매력이다.

그래서 초보 네트워커에게 스폰서들이 알려주는 것이 꿈을 꾸게 하는 것이다. 프로 네트워커는 아예 리크루팅 할 때 질문을 '혹시 꿈이 있습니까?'라고 던진다. 아마추어 네트워커는 체험사례를 통해 제품을 써본 고객이나 소비회원을 미팅에 초청해 네트워크마케팅 비즈니스의 비전을 보여주며 새로운 세상에서 꿈을 찾을 수 있는 기회를 준다. 도대체 뭘 믿고 감히 잃어버렸던 꿈을 찾을 수 있는 기회를 줄 수 있다고 장담하는가? 그것은 바로 네트워크마케팅의 보상플랜이 독특하기 때문이다.

운동경기와 비교하자면 축구, 배구, 농구, 야구 등과 같은 원리인 팀워크 사업이다. 혼자의 능력보다 팀의 협동으로 함께 승리하는 시스템이라 육상, 수영, 마라톤 등 개인의 탁월한 능력을 필요로 하는 것과는 다르다. 즉 직장인, 사업, 장사, 전문직업인 등 개인기가 필요한 일보다 다양한 많은 사람들이 모여 서로에게 도움을 주고받는 시스템인 것이다.

가장 매력적인 것은, 인맥을 통해 유통되는 제품들이 매일 우리들이 먹고 사용하는 것이라는 점이다. 이미 필수적으로 쓰는 생활용품이기에 좋은 제품이라는 체험만 한다면 비즈니스는 매우 쉽게 진행될 수 있어서 꿈을 이루는 것도 수월해 질 수 있다. 조금 더 적극적인 네트워커는 전국 각 지역으로 인맥을 넓힌다. 더 크게는 전 세계로 넓힌다. 팀워크로 평범한 사람도 성공할 수 있지만 능력 있는 사람은 한계가 없이 무한하게 성장할 수도 있는 것이다.

꿈의 크기가 열정과 끈기를 만든다

그렇게 새로운 세상에 뛰어들어 마음껏 꿈을 펼치면 좋으련만 누구나 생각처럼 쉽게 풀리지는 않는다. 가장 고비의 시기는 시작한 후 6개월~1년쯤이다. 풍운의 꿈을 안고 열심히 뛰어 다니는 데 시간이 흐를수록 자신도 모르게 자기의 능력에 한계를 짓게 된다.

그것은 주로 자신 주위에 있는 지인들에게 정보를 주면서 일어나는 현상이다. 지금까지 살아오면서 가깝게 지냈던 가족, 친척, 친구, 동료, 이웃들 중 긍정적으로 받아주는 사람이 몇 명이나 있겠는가? 그나마 제품의 탁월한 효과 때문에 지인들 중 일부는 꾸준히 제품을 구입하거나 비즈니스에 관심을 가질 수는 있어도 대부분 지인들은 가까운 사이라고해서 무조건 믿고 구입하거나 회원에 가입하지는 않을 것이다.

그러니 시간이 흐를수록 초조해지고 성공에 대한 기대가 점점 줄어들 수밖에 없다. 그러다가 더 이상 앞이 안 보인다고 생각하는 때가 오면 결국 두 손을 들게 되는 것이다. 이런 현상을 해결할 수 있는 것이 바로 꿈의 크기이다.

필자가 진행하는 교육에서는 늘 꿈에 대한 얘기를 한다. 고급과정에서는 목표(꿈)계획서를 매번 작성하게 한다. 자신들의 꿈이 생생해지고 점점 큰 꿈을 꾸게 되는 데 거기에 비례해서 열정과 자신감이 점점 더 커지는 것을 볼 수 있다. 결국 그 꿈 덕분에 세상을 바라보는 게 달라진다. 꿈의 크기가 커지니 거기에 맞는 인맥을 찾게 돼 자연스럽게 지인들을 뛰어넘어 다양한 사람들을 만나 정보를 전하는 것이다.

꿈꾸는 것을 멈추는 순간 아무 일도 일어나지 않는다. 그러면 점차 판매원으로 전락하기 시작한다. 네트워크마케팅에서 판매는 자동으로 이뤄져야 하는 것이다. 그래서 판매를 잘하는 기술을 익히는 것이 아니라 사람들에게 잃어버렸던 꿈을 찾을 수 있도록 도와주는 것이다. 그러기 위해서는 당신의 꿈이 명확해야 한다. 그리고 꿈을 크게 가질수록 훌륭한 파트너를 얻을 수 있다. 세상은 꿈꾸는 자의 것이다. 지금의 성공적인 생각과 행동이 만드는 것이다. 미루지 말고 당장 생각하고 행동하라! 마치 성공한 것처럼.

브랜드로 승부하라

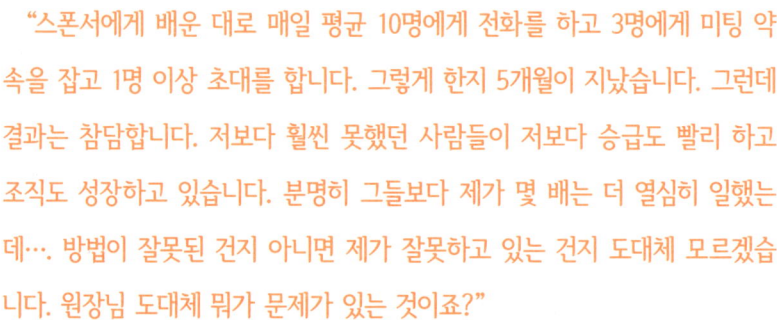

"스폰서에게 배운 대로 매일 평균 10명에게 전화를 하고 3명에게 미팅 약속을 잡고 1명 이상 초대를 합니다. 그렇게 한지 5개월이 지났습니다. 그런데 결과는 참담합니다. 저보다 훨씬 못했던 사람들이 저보다 승급도 빨리 하고 조직도 성장하고 있습니다. 분명히 그들보다 제가 몇 배는 더 열심히 일했는데…. 방법이 잘못된 건지 아니면 제가 잘못하고 있는 건지 도대체 모르겠습니다. 원장님 도대체 뭐가 문제가 있는 것이죠?"

브랜드를 만들어라

네트워크마케팅은 복제가 핵심이다. 그런데도 대부분 초보 네트워커들은 제품 판매에 치중해서 비즈니스를 펼친다. 이해는 된다. 일단 고객이 제품이라도 써봐야 그다음 단계로 진행할 수 있다는 것을. 그래서 우선 제품을 판매하는 것이 중요하다. 그런데 그런 과정에서 초보 네트워커들이 지쳐서 포기하는 비율이 더 많다는 것을 알고 있는가?

다행히 제품에 대한 반응이 좋아서 적지 않은 인원이 소비자가 되고 소비회원이 되는데 그때부터 스폰서는 제품을 배달(?)하러 다니느라 엄청 바빠지기 시작한다. 소비자나 소비회원들에게 아무리 시스템에 대한 중요성과 미팅 참석에 대한 것을 말해도 그들은 바쁘다는 핑계로 참석을 게을리 한다. 그러면서 제품 주문은 계속하고 자신은 바쁘니 스폰서에게 제품 갖다 달라고 한다.

이때 스폰서들은 안달이 난다. 고객이 제품은 좋다고 쓰고 있으니 미팅에만 참석시키면 비전을 느낄 텐데 그런 현실이 아니니 말이다. 기대는 많이 되는데 반응이 신통치 않으니 정신적인 스트레스는 이루 말할 수 없을 것이다. 이런 일이 반복되다 보면 마치 방문 판매원처럼 될 수 있다. 이 함정에서 벗어나지 않으면 더 이상 미래는 없다. 이런 함정에 빠지지 않으려면 파트너 한 명이라도 제대로 된 네트워커로 만들어야 한다.

프로 네트워커는 사람들이 찾아오고 아마추어 네트워커는 사람을 찾아간다. 그러니 프로 네트워커가 돼야 한다. 프로 네트워커가 되는 것은 브랜드를 갖는 것과 같은 의미이다. 사람들은 브랜드를 선호하기 때문에 빠른 시간 내에 아마추어를 프로로 만드는 것이 성공의 지름길이다.

브랜드를 만드는 가장 간단한 방법은 긍정적인 반응을 보인 고객에게 초기 7~10일 동안 집중적으로 자주 방문해서 당신의 모든 것을 보여주는 것이다. 유년기 때부터 자라온 환경, 성장하면서 겪은 에피소드, 네트워크마케팅을 만나기 전 사회생활, 네트워크마케팅을 하게 된 계기, 이 일에서 이루고 싶은 꿈과 가치, 그동안 배우고 익힌 노하우 등 최대한 많은 것을 진솔하게 풀어낸다.

그러면 상대방은 이미 당신의 친구가 되고 비즈니스 파트너가 된다. 즉 복제가 이뤄지는 것이다. 이 정도로 신뢰를 갖는 파트너 한 명이 만들어지면 수십 명 소비회원보다 더 나은 결과를 얻게 된다. 그 후 고객에게 확실한 브랜드가 돼 고객이 찾아오게 되고 배우려하고 닮아가고 싶어 한다. 그렇게 찾아오면 미팅과 시스템 교육에 참석시켜서 셀프 리더가 될 수 있도록 도와주면 된다.

브랜드를 유지하라

성공한 네트워커는 초기에 전국을 뛰어 다니지 않는다. 일단 회사 주변과 자기 주변에서 집중적으로 사람들을 만나서 조직을 만든다. 그러다가 소득이 많아지고 직급이 높아지면 활동영역을 넓혀 나간다. 즉 초기에는 사람들을 찾아다니는 것이 아니고 찾아오게 한다. 가능하면 회사 근처 커피숍이나 식당에서 미팅을 하고 반응을 봐서 괜찮다 싶으면 곧바로 회사 견학이나 세미나에 참석시킨다. 또는 스폰서와 미팅을 주선한다. 이것이 바로 브랜드를 알리는 비즈니스 노하우이다.

그 이후 더 중요한 것이 브랜드를 유지하는 것이다. 사람들은 자주 변화가 있는 사람보다 한결같은 사람을 신뢰한다. 오래도록 한 자리에 있는 사람에게 믿음을 갖는 것이다. 이것 역시 매우 쉬운 방법이다.

첫째, 고객이나 주변 사람들한테 전화할 때나 약속할 때 늘 자신이 있는 지역을 말한다. 예를 들어 "네, 제가 월, 수, 금요일은 선릉 사무실에 있으니 언제든지 방문하시면 됩니다", "지금 천안에서 미팅 끝나고 선릉 사무실로 가고 있으니 3시에 거기서 보자", "그럼요 오전에 여의도에서 회의 마치고 오후에는 선릉 사무실에 있으니 차 한 잔 하러 오십시오"와 같이 상대방에게 늘 '선릉'지역에 있다는 것을 인식시켜 주는 것이다.

둘째, 약속을 철저히 지키는 비즈니스 매너를 보여준다. 약속은 곧 믿음이자 신뢰와 직결되기 때문에 목숨처럼 지키는 인식을 상대방에게 심어준다. 그래서 늘 약속한 시간보다 10~20분 먼저 자리에 앉아 있는 것이 좋다. 사실 이 모습이 회사, 제품, 보상플랜, 비전보다 네트워크마케팅에서는 더 중요하다. 사람과의 관계에서 신뢰보다 더 중요한 것은 없다. 이 또한 브랜드를 유지하는 가장 중요한 요소이다.

셋째, 미팅할 때마다 한 가지씩 비즈니스 팁을 준비한다. 즉 상대방에게 도움이 될 만한 노하우 하나를 준비했다가 대화 도중에 선물로 전달한다. 그러면 상대방은 형식적인 미팅, 예의상 미팅이 아닌 유쾌한 미팅, 도움이 되는 미팅이라는 생각을 하고 다음의 미팅도 기대할 것이다.

대부분의 사람들은 안전한 것을 좋아한다. 그래서 브랜드를 선호한다. 이미 입증돼 있고 남들도 알고 있는 것이기에 의심을 하지 않는다. 사람도 마찬가지이다. 브랜드가 있는 사람은 이미 신뢰를 얻은 사람이기에 빨리 친해질 수 있고 오래갈 수 있다. 네트워크마케팅은 신뢰 비즈니스이기에 성공하고 싶다면 당신이 브랜드가 돼야 한다. 브랜드로 승부하라!

성장 타이밍

"저는 이번 행사에 다녀와서 갑자기 의욕이 떨어졌습니다. 지난 일 년 동안 일을 하면서 단 한 번도 이렇게 힘이 빠진 적이 없었습니다. 스폰서들이 말하는 대로 늘 긍정적으로 생각하고 매일 세미나와 미팅에 참여하면서 그룹의 시스템 기준에서 벗어나지 않았습니다. 그런데 저보다 한참 늦게 시작했고 능력도 많이 부족한 것 같은 형제 라인 사업자가 이번 행사에서 최고 직급을 성취해서 축하를 받은 것을 보니 제가 너무 초라하게 느껴졌습니다. 제가 과연 성공할 수 있을까요?"

동기부여 타이밍

초보 네트워커에게 가장 어려운 일은 리크루팅(recruiting)이다. 즉 사람을 만나 정보를 전달하고 회원으로 가입시키는 일이다. 그 과정에서 가장 두려운 것이 거절이다. 거절을 몇 번 당하면 마음이 흔들리면서 미래에 대한 불안감도 생긴다. 심지어 가족과 친구로부터 심한 거절을 당했을 때는 마음의 상처가 깊어져서 쉽게 포기할 수도 있다. 그래서 리크루팅도 상대방의 상황과 환경에 맞게 타이밍을 맞춰서 해야 한다.

대부분 실패한 네트워커들이 하는 방법은 상대방의 입장을 전혀 고려하지 않고 자신이 느낀 비전과 제품의 우수성만 전달하려 하다가 거절을 반복해서 당한다. 성공한 네트워커는 상대방으로 하여금 '관심'을 갖게 하려고 노력한다. 그래서 상대방이 무엇에 관심이 있을지 늘 고민한다. 그리고 그 관심거리를 찾아 제시하면서 공감대를 형성한다.

즉 상대방이 어떤 것에 마음이 열리고 어떤 때 관심을 보여 행동할지 주목하는 것이다. 그렇게 하는 것이 동기부여(motivation) 하는 것이다. 직장인·주부·자영업자·전문직·피부질환자·건강미약자·미혼·중년 등 각각의 고민과 걱정거리를 잘 알아보고 만날 때 질문과 경청을 통해 공감대를 형성하는 것이 가장 우선이다. 그리고 그들에게 도움이 될 수 있는 정보를 몇 번의 만남을 통해 전달하면서 관심을 갖게 한다. 그러니 각각 반응하고 관심을 보이는 타이밍이 다를 수밖에 없다.

관심을 갖는다고 바로 소비회원이 되거나 부업자, 사업자가 되는 것은 아니다. 상대방의 현재의 경제상태, 네트워크마케팅에 대한 인식, 미래에 대한 설계, 가치관 등에 따라 빠르게 또는 느리게 반응할 수 있기 때문이다. 그래서 너무 조급하게 생각하지 말고 고객의 미래를 함께 설계한다는 마음가짐으로 정성을 다해 동기부여 해주는 것이 좋다.

이런 과정을 거쳐 파트너들이 생기는데 그 후 리크루팅보다 더 어려운 일이 생긴다. 경험과 지식, 환경이 각기 다르기 때문에 정보를 ▲이해하는 속도 ▲행동하는 속도 ▲인맥 ▲말투 ▲예의 ▲일하는 목적이 모두 달라 같은 방향과 속도를 맞추는 것은 엄청 힘들다. 그래서 역시 조직 관리에도 동기부여 타이밍을 고려해야 한다. 파트너들이 깨닫고 행동하는 속도가 각각 다르다는 것을 명심하고 인내심과 평정심을 길러야 한다.

성장 타이밍

네트워크마케팅은 감성마케팅이다. 기업의 경영철학에 반해서 비즈니스를 시작하기도 하고 제품의 효과를 체험한 후 부업으로 시작하기도 하고 지인의 변화에 놀라 시작하기도 한다. 이렇듯 시작하는 동기가 다른 것은 사람마다 느끼는 감정과 감동이 다르기 때문이다. 마찬가지로 비즈니스를 진행하는 과정에서 스폰서들이 발견하는 것은 파트너들의 감정 변화와 행동습관이다.

이해가 빠르고 곧바로 행동하는 사람, 이해는 빨리하는데 행동이 느린 사람, 이해가 느린데도 빨리 행동하는 사람, 이해도 느리고 행동도 느린 사람 등 평소에 볼 수 없었던 모습이 보이는 것이다. 이런 파트너의 행동습관을 빨리 파악하는 스폰서는 지혜롭게 비즈니스를 할 수 있지만 그렇지 못하면 일하는 것이 어렵게 된다. 심지어 파트너와 갈등이 심해져 나중에는 회복할 수 없을 정도로 관계가 악화되기도 한다. 이런 문제 때문에 네트워크마케팅을 포기하는 사람들도 적지 않다.

그래서 파트너들의 행동습관을 파악하는 것이 가장 중요한 것이다. 그것을 알아보는 방법은 쉽다. 첫째, 파트너별 점검표를 만들어 체크한다. 점검표 내용 목록은 꿈(목표), 책 읽기, 미팅(세미나) 참석률, 행사 참석률, 교육에 대한 반응, 강사 선호도, 스피치 능력 등 눈에 보이지 않지만 내적인 성장과 리더십을 개발에 필요한 목록으로 점검한다.

둘째, 파트너 열정을 체크한다. 미팅 후 스피치와 감정 상태, 시스템교육 수료 후 심경변화와 다짐, 교육에 초대하는 고객 수, 실패 후 회복하는 기간, 스폰서나 시스템에서 제시하는 방법을 응용하는 것 등 긍정적 생각과 자세를 점검한다. 셋째, 위의 두 가지를 점검표를 통해 4가지 행동습관으로 정리해서 정기적으로 점검한다. ① 이해가 빠르고 행동이 빠른 사람 ② 이해는 빠른데 행동이 느린 사람 ③ 이해가 느린데 행동이 빠른 사람 ④ 이해가 느리고 행동도 느린 사람. 이렇게 정리된 내용에 맞춰 성장타이밍에 어울리는 비즈니스를 진행하면 된다.

네트워크마케팅은 다양한 사람들에게 기회를 제공하는 시스템이다. 그래서 성장하는 타이밍도 다양할 수밖에 없다. 군대 조직이 아닌 이상 모두가 똑같은 생각과 행동으로 목표를 향해 갈 수 없다. 그러니 다양함을 이해하고 인정하며 지혜롭게 동행을 해야 한다. 사람들은 아는 만큼, 보는 만큼, 간절한 만큼 성장할 것이다. 그들에게 더 많이 알려주고 더 많이 보여주고 더 많이 감동을 주면 당신은 더 큰 성공을 할 것이다.

속도의 차이

"제 스폰서는 유명한 타 네트워크마케팅 회사에서 7년 간 비즈니스를 하면서 최고 직급까지 오른 경험이 풍부한 리더입니다. 그래서 네트워크마케팅이 첫 경험인 저는 스폰서의 모든 것을 배우고 무조건 따랐습니다. 그런데 1년이 지난 현재 과거에 스폰서와 함께 일했던 분들은 탑 리더가 되었고, 저와 같은 초보 네트워커들은 오히려 조직에서 뒤쳐지고 자신감도 떨어진 상태입니다. 형제 라인들 중에도 초보 네트워커들은 대부분 상황이 비슷합니다. 저희들이 일을 못해서 그런가요? 아니면 다른 문제가 있는 건가요?"

대학졸업 후 중소기업에서 5년간 사무직으로 일을 하다가 결혼으로 퇴사 후 주부로만 10년을 살아온 정문영 씨. 단골 미용실 원장의 소개로 네트워크마케팅을 시작했는데, 즐겁게 일하다가 최근 심한 고민에 빠졌다. 처음엔 경험 많은 스폰서들이 좋았는데, 시간이 지날수록 따라가기가 점점 힘겨워졌다는 것이다. 결국 계속 일을 해야 하나 말아야 하나 기로에 서게 된 것이다.

속도의 차이

대한민국 네트워크마케팅의 역사가 30년 정도 되다보니 한 회사에서만 오랫동안 비즈니스를 하는 네트워커들이 그리 많지 않다. 그동안 수많은 회사들이 나타났다 사라지고, 새로운 아이템이나 시스템이 등장하고 퇴장을 반복하다 보니 어쩔 수 없이 조직이동이 빈번해졌다.

그 때문에 현재 각 회사에서 탑 리더로 성공한 네트워커들 중 꽤 많은 이들이 적게는 2~3 군데, 많게는 10~20 군데의 회사를 옮겨 다닌 경험이 있다. 어떤 이는 그것이 창피해서 숨기는데, 어떤 이는 그런 화려한 과거 전력을 강의 때마다 양념(?)으로 써먹기도 한다. 그래서 그런 경험이 초보 네트워커들에게 약이 되기도 하고 독이 되기도 한다. 네트워크마케팅의 성공 요소가 '복제'를 통한 팀워크에 있다 보니, 원본이 깨끗하면 복제가 수월해지고, 그렇지 못하면 복제가 될수록 변질이 돼서 나중엔 썩은 조직이 되기 때문이다.

그러면서 자연스럽게 나타나는 현상이 '비즈니스 속도의 차이'이다. 옮겨 다녔든 다니지 않았든 네트워크마케팅의 본질을 제대로 알고 올바르게 하고자 하는 리더는 파트너와 후배들의 성장을 위한 시간과 노력을 기울이고, 변질된 리더는 오로지 빠른 결과만을 위해 시간과 노력을 기울인다.

초보 네트워커들이 영향을 받는 것이 바로 이것이다. 성장을 위해서는 꽤 많은 시간과 노력이 든다. 생각의 변화를 위해 책을 보게 하고, 다양한 교육에 참여시켜 자기계발과 팀워크에 어울리는 셀프 네트워커로 변화하도록 한다. 즉 새로운 삶을 살아가는 지혜와 행동 패턴을 만들어 주는 것이다. 그런데 빠른 결과만을 요구하는 리더는 파트너에게 오로지 비전만 보여준다. 주로 빨리 직급을 성취하는 방법, 빨리 돈 버는 방법, 타이밍을 강조하며 비전, 비전, 비전! 마치 브레이크 없이 달리는 스포츠카처럼 앞으로만 전진토록 하는 강의와 교육만 있다. 당연히 결과는 전쟁터에서 살아남은 용맹한 전사들처럼 강한 네트워커들만 남게 된다.

속도를 조절하라

네트워크마케팅에서도 반짝 스타(영웅)들이 많이 있다. 한 때는 전국을 떠들썩하게 만들었던 최고의 리더였지만, 지금은 잊혀진 이름 또는 불법 마케팅에서 돈을 쫓아 떠도는 불나방이 돼버렸다. 반면 10년~30년 동안 한결같은 모습을 보이면서도 과거의 사람들에게나 현재의 사람들에게나 존경을 받으며 현역으로 또는 아름다운 은퇴를 해서 지내는 리더들이 있다. 그들은 모두 다양한 사람들을 품었던 네트워커였다.

이런 삶의 차이는 비즈니스 속도의 차이에 원인이 있었다. 누구나 빠른 성공을 꿈꾸지만, 네트워크마케팅은 휴먼 비즈니스이고, 팀워크 비즈니스이기 때문에 '사람의 성장'에 관심을 기울이지 않는다면 모래성을 쌓는 꼴이 되고 만다. 오래도록 성공한 인생을 만끽하고 싶다면 다양한 사람들을 포용하고, 이해하고, 배려하고, 용서하고, 격려하고, 칭찬하면서 각자에 맞는 성장을 위해 시간과 노력을 기울이면 된다.

그 꿈을 이룰 수 있는 몇 가지 간단한 비법을 알려줄 테니 실천해 보라. 첫째, 경험자와 비경험자를 구분해서 관리한다. 네트워크마케팅의 경험자는 아무래도 빠른 소득과 명예회복에 관심이 있을 테니, 거기에 어울리는 미팅과 교육, 상담을 한다. 아울러 인성과 솔선수범할 수 있는 리더십을 배우게 한다. 그렇지 않으면 자신의 경험과 지식만으로 파트너를 관리하다가 조직이 또 무너질 수 있으니. 비경험자는 기초부터 셀프 리더가 되는 방법까지 미팅과 교육에서 구체적으로 알려준다. 특히 책을 많이 읽게 한다. 경제학 교수, 마케팅 전문가, 성공 동기부여가, 네트워크마케팅 전문가의 책을 통해 올바른 지식과 철학을 배우게 한다.

둘째, 성격 유형으로 구분해서 관리한다. DISC, MBTI, 애니어그램 등 사람의 성격 유형을 구분하는 전문적인 프로그램을 배워 응용한다. 필자는 네트워커들이 쉽고 빠르게 이해하고 응용할 수 있도록 머리형, 가슴형, 장형 등 단순하게 구분하는 방법을 권한다. 각 유형에 따라 비즈니스 하는 속도가 다르기 때문에 잘 적용하면 훨씬 수월하게 관리할 수 있다.

네트워크마케팅이 긍정 혹은 부정적으로 평가받는 것은 외부의 잘못된 인식 때문이 아니다. 그것은 그동안 네트워커들이 해왔던 행동의 결과이다. 성공이란 명목으로 과속을 하며 사람을 다치게 했기 때문이다. 운전을 잘하는 사람은 운전 실력 뿐만이 아니고 속도 조절을 잘 하는 사람이다. 당신이 진정으로 존경받는 성공자가 되기를 바란다면, 파트너가 성장할 수 있는 속도를 파악하고 함께 보조를 맞춰 앞으로 나아가라.

더치페이

"지난 달 소득이 천만 원이 넘는데 지출된 내역을 보니 마이너스였습니다. 지출 내역의 대부분이 파트너들과 미팅을 하면서 결제한 비용들이었습니다. 초기엔 별문제가 되지 않았는데, 이젠 파트너들이 미팅을 한다고 하면서 저를 부르면 겁부터 납니다. 그렇다고 이제 와서 안 낼 수도 없고. 남들은 제가 고소득자라고 부러워하는데, 매달 카드결제 때문에 걱정하는 제 자신이 창피하고 답답합니다. 원장님, 어떻게 해야 이 고통에서 벗어날 수 있을까요?"

건축회사를 경영하는 남편과 두 아이의 엄마로서 20년을 현모양처로 살았던 현미연 씨. 남편 회사의 부도로 생활비를 벌기 위해 보험영업을 1년 정도 하다가 동료로부터 네트워크마케팅을 전달받아 전업으로 뛰어든 후 3년 만에 연봉 1억 원 정도 소득을 받는 리더가 됐다. 그러나 파트너를 도와준다는 마음 때문에 늘 적자에 허덕이며 스트레스를 받고 있었다.

"현 사장님, 네트워크비즈니스는 1인 기업 시스템입니다. 모든 개개인이 사장인 것이지요. 파트너들에게 1인 CEO 마인드를 심어주지 않으면 그저 단순한 판매조직일 뿐입니다. 그러니 우선 현 사장님부터 1인 CEO 마인드를 배우고, 파트너들도 그런 존재가 될 수 있도록 노력하십시오."

도움이 독이 될 수도 있다

네트워크마케팅에서 성공하는 조직과 실패하는 조직의 차이는 아주 사소한 것에서부터 시작된다. 그런 것들이 모이고 커져서 큰 차이를 만들고 결국 그 차이가 조직을 성공시키기도 하고 몰락시키기도 한다. 처음에는 그 사소한 차이의 중요성을 느끼지 못하기 때문에 열심히 일한 네트워커가 나중에 실패했을 때는 도대체 자신이 왜 실패했는지조차 알지 못한다.

그 작은 차이에서 큰 비중을 차지하는 것이 바로 스폰서와 파트너 간의 돈거래이다. 돈거래에는 여러 가지가 있는데, 직접적인 돈거래와 간접적인 돈거래로 구분된다. 직접적인 돈거래는 생활비 지원, 활동비 지원, 제품을 구입할 때 빌려주는 돈 등이다. 이런 돈의 지원은 아예 시작도 하지 않는 것이 좋다.

냉정하게 들릴지 모르겠지만 이런 돈이야말로 초보 네트워커에게 '거지근성'을 심어주는 가장 나쁜 것이기 때문이다. 그리고 스폰서와 파트너가 이 문제 때문에 심한 갈등으로 비즈니스를 못하게 되는 가장 큰 요인이 되기도 한다. 더 심한 경우는 법적인 싸움으로까지 확대되거나 원수지간이 되기도 한다. 간접적인 돈거래는 교통비, 세미나 참가비, 교육비,

식사비 지원 등이다. 이것들은 돈거래라고 말할 수 없을 정도지만, 좀 더 심각하게 받아들이라는 의미에서 돈거래라는 표현을 쓴 것이다. 예를 들어 1박2일 세미나 공지를 보고 파트너에게 참석 여부를 물어보기도 전에 미리 파트너 이름으로 참가신청을 하고 참가비를 내는 것, 다양한 교육에 대한 공지를 보고 일단 파트너 이름으로 참가신청과 참가비를 내는 것 등이다. 또한 미팅 후 파트너들과 뜻 깊은 시간을 갖고 싶어서 식사나 차를 마신 후 식사비나 찻값을 모두 지불하는 것 등이다.

이 모든 비용들은 파트너를 빨리 성장시키고 싶은 생각과 아직 여유가 없는 파트너들을 배려하는 스폰서의 따뜻한 마음이다. 하지만 이것이 바로 '독'으로 둔갑하기도 한다. 가랑비에 옷이 젖듯 그런 직·간접적인 비용이 스폰서의 호주머니를 비우거나 찢어지게 하고 파트너에게 의존심과 기대심리를 자극하게 만든다. 이 모든 것은 앞으로 큰 성공을 할 거라는 기대 때문에 생기는 것인데, 오히려 자신과 조직을 실패의 함정으로 빠뜨릴 수도 있다.

더치페이가 팀의 품격을 높인다

네트워크마케팅의 매력은 무자본으로 시작해서 성공할 수 있다는 것이다. 그렇다고 아무 준비 없이 시작하는 것은 아니다. 네트워크마케팅은 프랜차이즈 시스템과 비슷하기에 이미 성공한 시스템(회사, 제품, 보상플랜)이 갖추어져 있다. 더불어 그 시스템을 통해 성공한 선배(스폰서)들도 준비되어 있다. 그러니 아무것도 없이 시작했지만, 그 성공 시스템을 배우고 익히기 위한 최소한의 투자는 해야 한다. 마치 프랜차이즈 가맹점을 여는 것과도 같은 것이다.

첫 번째 투자는 '1인 기업가' 정신을 배우고 실천하는 것이다. 1인 기업가는 '나홀로 사장'이다. 그러니 직원이나 고객이 아닌 '사장 마인드'를 가져야 한다. 사장은 누군가에게 도움을 받는 것이 아닌 스스로 생각하고 결정하고 행동해야 한다. 비용도 모두 스스로 해결해야 한다. 그래서 그 누구보다 '더치페이'에 대한 확고한 생각을 가져야 한다. 제품 구입비, 자료 구입비, 교육비, 식사비, 교통비, 생활비 등 모든 비용은 자신 스스로가 해결해야 한다.

두 번째 투자는 파트너를 자신과 같은 '1인 기업가'로 성장시키는 것이다. 즉 복제하는 것이다. 파트너가 자기 스스로 모든 비용을 해결할 수 있도록 가르쳐주고 만들어 준다. 이것은 매우 어려운 일이다. 자칫하면 오해를 받을 수도 있는 과정이지만, 자신이 변화를 했던 것처럼 파트너의 생각이 변화할 때까지 시간과 노력을 기울이며 인내와 끈기로 이겨내야 한다.

가장 쉽고 효과적인 방법은 회사나 그룹에서 정기적으로 진행하는 정규교육 과목에 넣어 누구나 이해하고 곧바로 실천할 수 있도록 하는 것이다. 회사나 그룹, 선배 네트워커들이 공식적으로 말하면 성공원칙이나 규칙으로 전달 될 수 있기 때문이다. 더치페이는 스폰서와 파트너의 생각과 행동을 명쾌하게 만들어 주는 역할을 한다. 또한 팀을 합리적으로 움직이게 만들어 준다. 갈등과 오해가 없는 조직에서 초보 네트워커들은 즐겁게 일을 하게 될 것이고, 그런 조직에서 선한 부자들이 많이 탄생될 것이다. 네트워크마케팅의 품격은 그렇게 작고 사소한 것에서부터 만들어지는 것이다.

성장의 차이

"이번 달에 제가 꼭 승급을 해야 하는데, 때마침 타사에서 최고 직급까지 달성한 경험이 있는 분과 일주일 전에 미팅을 했고 저와 함께 좋은 결과를 만들어 보자고 의기투합했습니다. 그런데 며칠 전에 다시 만나 대화를 나누던 중 매출액과 활동비에 대해서 많은 부분을 지원해달라는 요구를 받았습니다. 어차피 제가 승급하게 되면 받게 되는 수당과 보너스로 충분히 보상받게 될 것이니 좋은 기회가 될 거라며 계속 반복해서 강조했습니다. 그런 분을 앞으로 만나기도 어렵고 제 능력이 뛰어나지 않은 현재 상태에서 괜찮은 조건인 것 같은데 원장님, 그렇게 해도 괜찮은 건가요?"

10년간 아울렛 매장에서 옷 장사를 하면서 비염과 기관지천식으로 고생하다가 단골고객의 소개로 네트워크마케팅 회사 제품을 섭취 후 호전이 돼 아예 옷가게를 정리하고 전업으로 뛰어들어 2년 만에 월 소득 500만 원 정도 유지하는 안정적인 리더가 된 최현신 씨. 최근 한 직급 더 승급하려는 간절함에 어울리는 사람을 만났지만 그동안 배우고 실천했던 비즈니스 방법과는 달라 약간의 불안함과 두려운 생각에 필자를 찾아와 자문을 구했다.

"최 사장님, 눈앞에 보이는 것만 보다가 큰 것을 잃을 수가 있습니다. 네트워크마케팅의 성장은 복제에 있습니다. 리더는 늘 뭔가를 할 때 '파트너도 이것을 복제할 수 있을까?'라는 생각을 해야 합니다. 만약 복제가 어려울 것이라는 생각이 들면 하지 않는 것이 좋습니다."

잘못된 성장

초보 네트워커에서 벗어나 월 소득이 4~500만 원 정도 유지되는 리더가 되면 네트워크마케팅의 묘미를 조금씩 느끼게 된다. 초보 네트워커 때 늘 들어왔던 네트워커의 삶이 현실로 다가왔기 때문이다. 예를 들어, 출퇴근에 대한 부담이 없고, 많은 지식과 경험이 필요치 않고, 회사 또는 그룹의 시스템(미팅, 교육)에 꾸준히 참석하면서 배우고 실천하기만 하면 되고, 파트너 관리도 스폰서와 함께 하면 되고 등등.

'나도 정말 저렇게 여유 있게 살 수 있을까?'하며 선배 네트워커들의 삶을 동경했던 과거의 자신이 유치하고 순진했다는 생각도 들 것이다. 그러다가 또 다른 것들이 눈에 들어오기 시작한다. 자신보다 나은 능력과 실력이 있는 사람들이 승승장구하며 성공하는 모습을 보면 그저 부러운 생각만 드는데, 오히려 자신과 다름없거나 자신보다 못하다고 느껴지는 사람들이 자신보다 더 빨리 승급하거나 조직이 늘어나면 은근히 욕심이 생기는 것이다.

네트워커에게 이때가 또 한 번의 인생전환점이 되는 시기이다. 멋지게 도약해서 훌륭한 리더가 될 수도 있고, 욕심에 눈이 먼 짝퉁 리더가 될 수도 있기 때문이다. 그런데 대부분의 사람들은 쉬운 길을 찾게 되고, 결국 그 쉬운 길의 함정에 빠져 헤어 나오지 못하는 짝퉁 리더가 되는 경우가 많다. 이런 사람들은 주위의 유혹에 쉽게 넘어간다. 예를 들어, 인맥이 풍부한 사람이나 과거의 이력이 화려하거나 경험이 많은 사람들과의 만남에서 조건부 가입 또는 조건부 매출에 동조하는 것이다.

그렇게 해서 만들어진 조직이나 매출은 병원의 응급실에서 응급처치 받는 것처럼 일시적이기 때문에 오래가지 못한다. 또한 그렇게 시작한 네트워커들은 네트워크마케팅의 시스템과 문화를 배우고 실천하려는 것보다는 오로지 돈을 빨리 버는 것이 머릿속에 있기 때문에 관리하기도 어렵다. 이런 것이 잘못된 성장이다. 이는 태풍이 불면 언제든지 날아가 버리는 기초공사 없이 지어진 허술한 건물인 것이다. 게다가 그런 것을 보고 있는 기존 파트너들에게는 욕심을 부리다 실패한 스폰서로 낙인찍히게 된다. 눈앞에 보이는 것을 쉽게 얻으려다가 그동안 공들게 쌓아온 탑까지 무너뜨리는 실수를 범하는 것이다.

올바른 성장

네트워크마케팅에서 첫 단추를 잘못 끼우면 끝까지 잘못되는 경우가 많다. 겉으로 보면 네트워크마케팅은 쉽지만, 안으로 들어가 보면 쉽지 않은 인간관계로 얽혀있다. 회사나 제품, 보상플랜은 아는 만큼 전달하면 되고, 알면 알수록 도움이 되지만 인간관계는 많은 정성과 노력을 기울여야 한다. 그런데 오히려 그것이 네트워크마케팅 비즈니스에서 더 의미 있고 가치가 있는 일이다. 그것은 마치 부모가 사랑하는 자녀를 양육하는 것과 같다. 그런 부모와 같은 마인드로 비즈니스를 한다면 네트워크마케팅은 매우 즐겁고 신나는 일이 될 것이다.

올바른 성장에 가장 필요한 것은 '적당히 거리를 유지하는 것'이다. 부모가 자녀를 헌신적으로 사랑하는 것은 좋지만, 자녀의 일거수일투족을 살피고 뭐든지 다 해준다면 아이는 정상적으로 성장하지 못할 것이다. 오히려 적당한 거리를 두고 살피다가 자녀가 꼭 필요할 때 도움을 주는 것이 서로에게 좋다. 초보 네트워커가 쉽게 성장하는 것보다 여러 가지 어려움을 겪으며, 선배들의 조언과 자문을 받으며 한 걸음 한 걸음 스스로 앞으로 나갈 수 있도록 지켜보고 도와주는 것이 좋다.

특히 초보 네트워커가 네트워크마케팅의 본질과 원리, 복제의 위대함을 올바로 배우고 느낄 수 있도록 정성을 다한다. 즉 1인 사업자(CEO)의 마인드를 심어준다. 1인 사업자(CEO)는 셀프 리더이다. 스스로 생활비, 교통비, 활동비, 교육비, 자료비 등을 해결해야 한다. 스스로 배우고, 실천하고, 조직을 만들어야 한다. 그런데 그 모든 방법이 회사/그룹의 시스템에 준비되어 있으니 철저하게 그것을 배우고 익혀 실천할 수 있도록 도와주기만 하면 된다.

적당한 거리를 유지하는 지혜로 파트너들을 한 명 한 명 셀프 리더로 성장시킨다면, 당신은 네트워크마케팅의 진정한 명품 리더가 될 것이다.

얼굴 없는 네트워커

"평소 남들 앞에 서는 것이 두렵고, 제 얼굴을 누가 보고 있으면 시선을 어디에 둘지 몰라 당황하다가 말하려던 것을 다 잊어버렸거든요. 그래서 요즘 줌(Zoom)으로 사업설명을 할 수 있어 참 편하고 좋아요. 그런데 고객과 파트너 중 몇 분들이 저에게 왜 강의하는 얼굴은 안 보여주느냐고 말씀을 해서 좀 고민이 됩니다. 얼굴을 안 보고 강의를 들으니 밋밋하게 자료와 글만 읽는 듯한 느낌이 든다고 합니다. 원장님, 꼭 얼굴을 보여주면서 강의를 해야 하나요?"

고교졸업 후 공무원 시험에 합격해서 구청에서 8년을 근무하다가 사촌 언니의 권유로 퇴직하고 네트워크마케팅을 시작한 함주희 씨. 평소 내성적인 성격이라 네트워크마케팅을 하면서 자신감이 많이 없었지만 워낙 성실하고 꾸준히 노력한 결과 중간 리더가 되었다.

최근 코로나 여파로 미팅과 세미나 등을 비대면으로 하게 되면서 오히려 일하는 것이 편해졌다고 했다. 평소 사람들과 대면 미팅이나 강의 하는 것이 불편했던 터라 물고기가 물을 만난 것 같다면서. 그러나 시간이 지나면서 자꾸 얼굴을 보여 달라는 요구가 늘어 고민에 빠졌다.

"함 사장님, 네트워크마케팅은 정보전달 뿐만이 아니고 정보를 전달하는 사람의 열정과 이미지도 함께 전달되는 것입니다. 어쩌면 정보보다도 열정과 이미지가 상대방에게 더 많은 공감대와 신뢰를 형성하기도 합니다. 그러니 얼굴을 보여주면서 진행하는 강의도 시도해 보세요. 카메라 렌즈와 친해지는 것도 또 다른 즐거움이 될 것입니다."

정보만 전달하면…

네트워크마케팅은 정보전달 비즈니스이다. 그래서 초보 네트워커 중에서 초기에 빨리 성장하는 사람들은 짧은 기간에 많은 사람들에게 정보를 전달하는 이들이다. 아울러 많은 정보를 알고 있는 네트워커 일수록 그렇지 않은 네트워커보다 고객을 설득시키고, 회원을 가입시키는 비율이 훨씬 높다. 한마디로 정보전달 능력이 초기 네트워크마케팅의 승패를 좌우하는 것이다.

이런 원리를 잘 알고 있는 선배 네트워커들은 초보 네트워커의 빠른 성장을 위해 일정 기간 동안 집중적으로 사업 설명하는 훈련을 하거나 초보자와 함께 필드를 뛰며 자신의 풍부한 정보를 고객들에게 전달하는 시간을 최대한 많이 갖는다. 당연히 결과는 빠르게 나타나게 되어 스폰서나 파트너 모두 매우 만족스러워 한다.

최근에는 페이스북, 인스타그램, 블로그, 유튜브, 밴드 등 SNS 네트워크마케팅을 즐기는 네트워커들이 많아졌다. 인터넷을 통해 다양한 정보를 쉽게 수집할 수 있고, 그것을 재편집하고 정리해서 다시 각 매체에 홍보와 마케팅을 펼치는 것이라 조금만 부지런하면 누구든지 할 수 있기 때문이다.

그런데 이 과정에서 자칫하면 놓치고 낭패를 보는 경우가 생길 수 있다. 정보를 주고받는 것에만 익숙해져서 네트워크마케팅의 핵심인 자기 계발과 복제(파트너)를 소홀히 하게 되면 조직은 순식간에 거품처럼 사라질 수 있다. 왜냐하면 초기에는 정보의 중요성 때문에 비즈니스를 시작하지만 조직의 성장과 견고함은 스폰서와 파트너간의 끈끈한 신뢰와 존경심으로 이루어지기 때문이다. 그것이 제대로 형성되지 못하면 파트너들은 더 좋은 정보를 만났을 때 언제든지 미련 없이 조직을 떠나게 된다.

열정을 전달하면…

가족, 친한 친구나 친척처럼 친분이 두터운 관계라면 말도 편하게 하고, 특별히 외모를 꾸미지 않고도 만날 수 있다. 그렇게 상대한테 보이거나 대해도 그 관계가 나빠지거나 깨지지 않기 때문이다.

그러나 비즈니스는 완전히 다르다. 상대방의 목소리, 얼굴 표정, 자세, 옷차림, 매너 등이 좋은 관계를 만들 수도 있고, 한 순간에 모든 관계를 깨뜨릴 수 있는 요소이기 때문이다. 심지어 몇 달, 몇 년을 꾹 참고 있다가 어느 순간 한꺼번에 폭발할 수 있는 원인이 되기도 한다. 평소에는 자신의 이익을 위해 그저 숨기고, 참으며 표현하고 있지 않다가 더 이상 이익이 없을 것 같거나 손해를 볼 것 같다고 느끼면 감정이 밖으로 튀어 나오는 것이다.

네트워크마케팅은 지인을 제외한 대부분 파트너들이 혈연, 지연, 학연 등과 상관없는 경험, 지식, 환경, 나이, 성격이 전혀 다른 사람들의 모임이기에 그런 일들은 언제든지 일어날 수 있다. 그래서 정보가 좋아서 모였지만 시간이 지나면서 사람이 더 좋아서 오래도록 함께 일할 수 있는 환경과 여건을 만드는 것이 더 중요하다. 그 방법은 매우 쉽다. 또 다른 가족, 친구, 친척을 만든다는 강렬한 의지만 있으면 된다. 그러기 위해서는 당신이 좋은 사람, 멋있는 사람, 매력적인 사람, 존경받을 만한 사람으로 상대방이 느낄 수 있도록 노력을 아끼지 말아야 한다.

그 방법 역시 매우 쉽다. 비대면 미팅이나 회의를 할 때 화면에 자신의 얼굴을 보이게 하면 된다. 줌미팅 시 강의 자료만 보여주지 말고 화면 한쪽에 강의하고 있는 당신의 모습을 보여주는 것이다.

그때 가장 중요한 것은, 집에서 입는 편한 복장 말고 깔끔한 비즈니스 복장(정장, 세미정장)을 한다. 정보만 전달한다면 복장에 신경 쓸 필요가 없지만, 화면에 얼굴을 보여준다는 것은 열정까지 함께 보여준다는 의미이다. 열정은 목소리, 얼굴 표정, 미소, 손동작, 어깨 움직임, 복장 등에 담겨져 있다. 그 열정이 정보와 함께 전달되면서 당신에 대한 신뢰, 매력, 존경심이 점점 깊어질 것이고, 그런 것이 복제가 되어 당신의 조직은 좋은 정보의 공유와 함께 끈끈한 정이 넘치는 또 하나의 아름다운 가족이 될 것이다.

반성과 후회

"이럴 줄 알았으면 아예 처음부터 하지 않았을 겁니다. 그만두고 싶어도 제품을 계속 가져다 달라는 소비자도 많고, 부업으로 저만 믿고 주말마다 꼬박꼬박 미팅에 참여하는 파트너도 있고. 하지만 저와 같은 리더가 없어서 제가 직접 제품 배달하고, 파트너 심부름하고, 파트너 대신 고객을 만나 설명하고…. 몇 년 동안 변한 게 하나도 없습니다. 앞으로도 그럴 것 같아서 희망도 없고, 열정도 생기지 않습니다. 원장님, 저 같은 사람도 성공한 사람이 있나요?"

대학에서 유아교육을 전공 후 유아 전문 학습지 회사에서 상담과 교육을 8년간 하다가 대학 동창으로부터 네트워크마케팅을 소개받아 3년간 활동을 한 류은혜 씨. 성실하게 활동을 하며 소비자와 부업자를 많이 만든 결과 월 500만 원 이상 소득의 중간 리더가 됐다. 하지만 파트너들이 대부분 소비자와 부업자라 혼자 이리 뛰고 저리 뛰며 배달의 민

족 후예(?)가 되어 버렸다. 때문에 교통비와 잡비로 소득의 반 정도가 지출되면서 실속이 없는 것에 대한 스트레스와 반복되는 일상(배달과 심부름)에 지친 것이다.

"류 사장님, 네트워크마케팅은 복제사업입니다. 소비자와 부업자 파트너들에게 도움을 주겠다는 마음은 좋지만, 그들에게 복제할 수 있는 기회를 주지 않으면 성공할 수 없습니다. 그리고 후회는 실패로 가는 지름길입니다. 앞으로는 절대로 후회하지 마시고, 반성을 하십시오. 반성은 성공으로 가는 지름길입니다."

성공자의 '반성', 실패자의 '후회'

군대를 가면 유격훈련이라는 것이 있다. 장교든 일반병이든 군인이라면 가장 가기 싫어하는 훈련이다. 난생처음으로 느낄 수 있는 육체적인 고통을 견뎌내야 하는 고되고 혹독한 훈련이기 때문이다. 유격훈련 중 절벽과 절벽사이에 놓여있는 외줄에 몸을 얹어 줄 위를 기어가며 반대편으로 건너는 코스가 있는데, 웬만큼 간 큰 사람이 아니고서는 건널 엄두도 못낸다.

그래도 교관이나 조교들의 무서운 다그침과 혼을 빼놓는 PT 훈련으로 누구나 절벽 앞에 서게 된다. 그 중 대부분은 외줄의 중간쯤에서 팔에 힘이 빠져 멈추게 되는데, 자칫 잘못하면 몸의 균형을 잃고 절벽 밑으로 떨어질 수 있는 위험한 상황에 놓이게 된다. 이때 가만히 있으면 힘 빠져 떨어질 테고, 그렇다고 왔던 곳으로 되돌아 갈 수도 없으니 어쨌든 앞으로는 가야 한다. 그래서 마지막으로 젖 먹던 힘까지 최대한 끌어내어 아주 조금씩 앞으로 전진하면 멀고 멀었던 도착지에 다다르게 된다.

네트워크마케팅의 원리도 위와 같다. 일단 시작해서 열심히 일을 하면 시간이 지날수록 나를 믿고 시작한 파트너와 소비자가 점점 늘어나는데, 어느 정도 멤버가 구축되면 나의 의지로 그만둘 수 없는 상태가 되고 만다. 믿음과 신뢰로 형성된 인맥이기에 정말 냉정한 사람이 아닌 이상 칼같이 정리할 수 없는 것이다. 즉 앞으로도 뒤로도 갈 수 없는 상황에 놓인다. 이때가 바로 성공자의 길과 실패자의 길이 나타나는 시기이다.

성공자가 될 가능성이 있는 사람은 다시 힘을 내어 앞으로 전진하는 방법을 찾고, 실패자가 될 가능성이 있는 사람은 자신이 과거 선택한 것에 대해 후회를 하며 불평, 불만을 토로한다. 전자는 현재의 상태를 받아들이고 어떻게 하든 좀 더 나아질 수 있는 방법을 찾기 위해 스폰서나 리더에게 자문을 구하거나, 관련 책을 찾아보고, 인터넷에서 관련 정보를 찾아본다. 후자는 현재의 잘못된 결과에 대한 것을 남의 탓이나 환경 탓으로 돌리며, 과거의 선택에 대한 불만과 후회스런 말과 행동을 한다. 결국 성공의 길과 실패의 길을 선택하는 것이다.

반성의 다음단계는 '성장'

필자를 찾아와 자문을 구하는 네트워커들은 대부분 착한 사람들이다. 그리고 남보다 열심히 살아온 사람들이다. 그런데 그들의 이야기를 듣다보면 놀라운 현상을 발견한다. 대부분 남(스폰서, 파트너) 탓을 하거나 환경을 탓한다. 자신의 성실, 희생, 봉사, 헌신 등으로 일을 잘 했는데 스폰서 때문에, 파트너 때문에, 환경 때문에 어렵게 되었다거나 힘들어서 못하겠다는 얘기다. 필자가 30여 년간 업계에서 교육과 컨설팅을 하며 상담을 한 수많은 네트워커들이 대부분 그랬다. 정말 놀라운 일이다. 그나마 다행인 것은, 상담 후 자신이 미처 깨닫지 못했던 것을 알게 된 후 반성을 하고 새로운 마음으로 일을 해서 좋은 결과나 멋진 성공을 이룬 네트워커가 많았다는 것이다.

한편으로 안타까운 것은 상담 후 해답을 얻어가고도 예전처럼 같은 실수를 반복해서 과거와 똑같은 실패의 함정에 빠진 네트워커도 적지 않았다. 더 놀라운 것은, 그들은 그 회사와 그 일을 그만두고 다른 회사나 다른 일을 한 후에도 똑같은 실수를 반복한다는 것이다.

그들의 모습을 보면서 오래전부터 교육을 해오며 강조하던 것을 후배 네트워커들에게 더 힘있게 강조하게 되었다. "성공도 습관이고, 실패도 습관이다!" 다시 말하면, 성공한 사람은 과거 실수를 해도 반성을 한 후 다시 똑같은 실수를 반복하지 않고 더 나은 방법을 찾아 도전을 거듭해서 결국 성공했고, 실패한 사람은 과거의 실수를 똑같이 반복하는 습관에서 벗어나지 못해 결국 실패한 것이다.

네트워크마케팅은 착하고 성실한 사람이 성공하는 것이 아니라, 지혜로운 사람이 성공하는 것이다. 착하고 성실하다고 해도 파트너들을 도와주기만 하면 복제가 안 되고, 셀프 리더를 만들 수 없기 때문에 자신만 더 힘들게 만들뿐이다. 네트워크마케팅에서 진정으로 성공하고 싶다면 파트너들을 성장시킬 수 있는 지혜로운 네트워커가 되어라. 반성하고 깨닫고 다시 도전하는 지혜로운 네트워커가 되는 것이 성공의 길로 가는 것이다.

미팅 매너

"며칠 전 스폰서와 식사 미팅을 했는데, 끝나고 스폰서로부터 심한 질책을 받았습니다. 저는 어렵게 마련된 식사 미팅이라 이왕이면 얼마 전 사업을 시작한 파트너도 동석을 하면 좋겠다는 생각에 불렀는데, 미팅 후 파트너를 보내고 스폰서가 화를 내는 것이었습니다. 미리 얘기도 없이 파트너를 동석시켰다고. 저는 스폰서가 알아서 잘 이끌 것이라고 믿고 그랬던 것인데, 그렇게 심한 반응을 보여서 많이 서운했습니다. 원장님, 제가 잘못한 건가요? 일을 잘하려고 했던 것일 뿐인데…."

수도권 외곽의 경치 좋은 곳에서 전통 찻집을 운영하며 글쓰기 동호회원으로 활동하고 있는 정소현 씨. 동호회원의 소개로 네트워크마케팅을 알게 되었고, 찻집에서 정기적인 미팅을 하면서 어렵지 않게 일을 해왔다. 그러다 스폰서와 서울의 고급 음식점에서 식사 미팅을 하게 되었는데, 평소 친분이 두터웠고 얼마 전 사업을 막 시작한 동료를 데리고

간 것이다.

"정 사장님, 순수한 마음에서 그런 행동을 한 것은 잘못이 아니지만, 스폰서가 특별히 시간을 마련해서 식사 미팅을 한다는 것은 정 사장님과의 특별한 대화나 비즈니스에 대한 대화를 나누는 시간일 수 있습니다. 그러니 미팅 전에 미리 양해를 구하거나 미팅의 목적을 정확히 알고 거기에 맞는 준비를 하는 것이 매너입니다."

네트워크마케팅의 생명은 '미팅'

네트워크마케팅이 갖고 있는 많은 매력 중 한 가지는 자신의 부족한 점을 그룹이나 스폰서들이 갖고 있는 것으로 채울 수 있다는 것이다. 즉, 풍부한 네트워크마케팅의 경험과 지식이 축적되어 있는 그룹과 스폰서들이 진행하는 미팅에서 많은 것을 배우고 익힐 수 있는 것이다. 그래서 성공한 네트워커들은 입에 침이 마르도록 외치며 강조한다. '미팅에 참여하면 성공할 수 있다'고.

초보 네트워커가 일에 대한 흥미와 즐거움을 얻는 것은 자신의 노력보다 그룹이나 스폰서의 노력 덕분에 수월하게 결과를 만들어 낼 수 있기 때문이다. 매주 또는 매일 진행되고 있는 그룹 미팅이나 팀 미팅에 참여만 잘 한다면, 스폰서들처럼 경험과 지식이 채워지는 것이다. 또한 파트너나 고객들도 미팅에 적극적으로 참여시키면 자신이 전달해야 할 많은 정보와 노하우들을 간접적으로 전달하는 것이니 쉽게 팀을 관리하고 성장시킬 수 있다.

미팅에서는 정보만 전달되는 것이 아니다. 의식의 변화까지 일어난다. 의식의 변화는 결국 일을 하는 네트워커에게 네트워커로서의 사명감을 심어줄 수 있는 것이기에 매우 중요한 것이다. 이 의식의 변화는 주로 성공한 리더들의 성공스토리를 통해 전달된다. 생생하게 경험한 실전 내용 속에 담겨져 있는 다양한 이야기들을 통해 네트워크마케팅의 가치, 네트워커의 자세와 역할, 올바른 리더십 등 정신적인 태도를 배우게 된다.

이렇듯 미팅은 정보전달과 의식의 변화에 큰 역할을 한다. 그러니 미팅의 내용이 유익해야 하고, 리더들의 정신이 담겨져 있어야 한다. 회사나 제품 설명에도 자신의 생생한 스토리가 들어가야 한다. 보상플랜도 수학 선생처럼 똑소리 나게 계산만 잘 하는 것이 아니라 자신의 경험담이 담겨져 있어야 한다. 비전을 전달하는 내용에도 리더의 철학과 신념, 비전이 스며들어 있어야 한다. 그러면 미팅은 생생하게 살아 움직인다.

성공하는 미팅, 실패하는 미팅

네트워크마케팅에서의 미팅은 여러 가지 있는데, 그중에 생생한 경험을 직접 전달받을 수 있는 미팅은 리더(성공자)와 식사를 하거나 차를 마시는 미팅이다. 그래서 베스트셀러 서적에도 '부자가 되려면 부자에게 점심을 사라'는 것이 있다. 좋은 예로 투자의 귀재 워런 버핏과의 점심식사 비용이 58억 원이라는 뉴스도 있다. 그만큼 성공자의 실제 노하우는 단순한 정보가 아닌 성공의 비결이기 때문이다.

초보 네트워커가 성공한 리더와 식사와 차를 마실 수 있는 기회가 많지는 않을 것이다. 그러다 가끔 행운처럼 그런 기회가 온다면 아마 로또복권에 당첨된 느낌이 들 것이다. 이 때 정신을 똑바로 차려야 한다. 너무 좋은 나머지 이 엄청난 행운을 바람결에 허무하게 날려 버릴 수 있으니. 성공적인 미팅을 위해서 기본적인 매너를 알아야 한다.

식사 미팅 시 지켜야 할 매너 첫 번째는 리더보다 약속 장소에 먼저 도착하는 것이다. 리더보다 늦게 도착한다면 처음부터 실패하는 미팅이 된다. 약속 시간 30분~10분 전에 도착할 수 있도록 미리 교통편을 알아보고 교통정체까지 감안해 충분한 시간을 확보해서 이동한다.

두 번째는 미팅 시 말을 많이 하지 않는다. 리더의 노하우를 배우는 자리인 만큼 자기의 말을 줄이고 리더의 말을 경청하는데 최대한 많은 시간을 할애한다. 리더가 묻지도 않았는데, 자신의 과거와 현재의 화려한 경험담을 쏟아놓으며 인정받으려고 애쓰는 사람이 있다. 리더는 겉으로는 들어주고 있지만, 속으로는 매너 없는 사람이라고 생각할 것이다.

세 번째는 혹시 동석하고 싶은 사람이 있으면 미리 리더에게 양해를 구한다. 그러면 리더는 자신의 일정이나 상황에 맞게 허락하거나 불허할 것이다. 이때 혹시라도 불허할 경우 무조건 '예, 알겠습니다'하고 끝내야 한다. 만약 무리하게 부탁을 하거나 애걸(?)하면서 약속을 받아낸다면 이 역시 실패한 미팅이 된다.

리더와의 미팅은 미래에 성공한 당신의 모습이기도 하다. 성공한 사람은 아무하고 식사 미팅을 하지 않는다. 일상에서 가장 중요하고 의미 있는 시간이기 때문이다. 그렇다면 그 소중한 기회를 멋진 작품으로 만들어야 한다. 그것을 만드는 것은 당신의 매너에 달려있다.

쇼더 플랜 (Show the plan)하라

"일 잘하는 파트너 중에 과거 네트워크마케팅 경험이 있는 파트너가 이제는 우리도 큰 행사를 해야 할 때라며 지난주부터 계속 집요하게 요청을 하고 있어요. 말을 들어보면 이해는 되지만 너무 무모하기도 하고, 두렵기도 하고…경험이 아직 없는 저로서는 선뜻 마음이 내키지는 않은데, 워낙 그 파트너가 일을 잘하고 경험이 있으니 외면할 수는 없고…원장님, 지금까지도 큰 문제없이 잘 성장해 왔는데 꼭 그렇게까지 무리하게 해야 하나요? 그런 것이 네트워크마케팅의 문화인가요?"

대학졸업 후 유치원에서 교사로 근무하던 중 유치원생 엄마로부터 네트워크마케팅을 소개받아 부업으로 1년간 진행하다가 코로나로 유치원이 문을 닫게 되면서 전업으로 네트워크마케팅을 하게 된 서은진 씨. 2년간 유튜브와 밴드, 블로그 등 활발한 SNS 활동으로 많은 고객과 파트너를 확보하며 안정적인 소득과 동시에 최고직급 리더가 되었다. 그런데 최근 정부의 방역완화 정책으로 거리두기가 해제되면서 주위 타사나 타 그룹에서 대형 세미나를 열자 파트너 중 일부가 서 사장에게 '우리도 하자!'며 강력하게 요청을 해 온 것이다.

"서 사장님, 네트워크마케팅은 쇼더 플랜 사업입니다. 주위 사람들에게 자신이 경험하고 느낀 것을 보여주며 그들도 함께 참여할 수 있도록 하는 사업이지요. 마치 프랜차이즈와 같은 원리입니다. 즉 이미 입증된 성공의 열매를 보여주며 그들도 성공할 수 있다는 것을 깨닫게 해주는 것입니다. 그 중 가장 빠르고 쉽게 보여줄 수 있는 방법이 바로 대형 세미나입니다. 다양한 경험자가 다양한 방법으로 성공한 모습을 짧은 시간동안 많은 사람들에게 보여줄 수 있으니 고객이 사업으로 참여할 기회를 많이 줄 수 있기 때문이지요."

쇼더 플랜이란?

네트워크마케팅은 지렛대의 원리와 같다. 즉 힘을 많이 들이지 않고 지렛대를 이용해서 크고 무거운 물건을 이동할 수 있는 현상과 같은 것이다. 그 지렛대에 해당되는 것이 조직이다. 네트워크마케팅의 시작은 한 사람이지만 시간이 지나면서 점점 늘어나 수백, 수천, 수만 명 이상의 조직이 되어 나중에 그들의 일하는 시간과 노력에 대한 일정한 비율을 소득으로 보상받는 것이다.

그 소득은 한 사람이 수십 년 또는 수백 년을 열심히 일해야만 얻을 수 있는 엄청난 금액인데 그것을 매월, 매년 한꺼번에 받기 때문에 이 매력을 느낀 네트워커들은 미친 듯이(?) 열심히 뛰는 것이다. 조금 더 쉽게 예를 들자면, 처음에는 한 사람이 하나의 낚시대로 고기를 잡다가,

시간이 지나 몇 명의 사람들이 모여 작은 그물로 함께 고기를 잡고, 더 시간이 흘러 많은 어부들이 함께 바다로 나가 큰 그물로 함께 고기를 잡아 나누는 것과 같은 것이다. 어부가 많을수록, 그물이 클수록 고기를 많이 잡을 수 있는데, 그 어부와 그물이 바로 지렛대의 역할을 하는 것이다.

그런 어부들을 만드는 과정이 쇼더 플랜이다. 큰 바다로 나가 큰 그물로 많은 고기를 잡아 함께 편안하고 행복한 삶을 누리자고 권유하는 일(리크루팅)이 쇼더 플랜이고, 그 말을 믿고 회원으로 참여한 후 그물을 짜고 고기 잡는 방법을 알려주는 것(미팅, 교육)도 쇼더 플랜이다. 그리고 쇼더 플랜의 하이라이트는 원데이 세미나, 1박2일 세미나, 컨벤션 등과 같은 대형 세미나이다. 규모가 클수록 쇼더 플랜 내용이 다양하고, 전문적이고, 감동적이기 때문이다.

쇼더 플랜을 즐겨라

네트워크마케팅을 쉽고 재미있게 하는 방법은 그런 지렛대의 원리를 잘 활용하는 것이다. 지렛대는 각 직급에 따라 활용하는 방법이 다르다. 큰 지렛대(대형 세미나)를 사용하는 예를 들어 보면. 우선 세미나를 주최하고 주관하는 최고 리더(회사나 그룹 대표 또는 탑 리더) 입장에서는 바다 같은 넓은 마음으로 모든 것을 받아들이고 활용한다. 구체적으로, 주최자가 자기의 경험과 지식이 최고이고 전부라고 여겨서 그것만 전달하려 하지 말고, 파트너 중 각 분야(사회, 사업설명, 제품설명, 보상플랜 설명, 리더 스피치, 동기부여 강의, 비전 스피치)에 어울리는 강사를 무대에 많이 세워 참석자들에게 다양한 정보와 노하우, 감동을 전달하는데 더 신경을 써야 한다. 즉 쇼더 플랜의 목적이 참석자를 위한 것인지, 회사나 탑 리더 자신을 자랑하려는 것인지 확실히 구별해야 한다.

중간리더 입장에서는, 봉사와 헌신적인 마음으로 시스템의 한 부분이 된다. 단순한 참여자나 방관자가 아닌, 프로그램의 일부를 담당하는 강사든 스텝이든 적극적인 참여자가 되어 행사가 원활하게 진행될 수 있도록 최선을 다한다. 마치 영화나 드라마에서 주인공이 돋보일 수 있도록 주인공보다 더 연기를 잘하는 조연과 같은 역할을 하는 것이다. 그 모든 혜택은 자신의 파트너와 고객에게 돌아가게 되니 전혀 무의미한 봉사나 헌신은 아니다.

초보 네트워커 입장에서는, 이 모든 것을 마음껏 누리기만 하면 된다. 쇼더 플랜의 가장 큰 수혜자이기 때문이다. 경험과 지식이 풍부한 스폰서들의 작품(?)을 자신과 자신의 파트너, 고객에게 소나기처럼 퍼부어 감동과 환희에 흠뻑 젖도록 초대하고 즐기는 것이다. 회사나 그룹에서 가장 성공한 탑 리더부터 전문성이 풍부한 중간 리더, 자신과 비슷한 초보 네트워커까지 모든 것이 준비되어 있는 크고 견고한 지렛대이니 운전만 잘하면 된다. 운전을 잘하는 것은 바로 초대를 많이 하는 것이다.

각 직급에 맞는 쇼더 플랜을 즐겨라. 네트워크마케팅에서 성공하는 지름길은 쇼더 플랜을 즐기는 것이다.

작지만 위대한 습관들

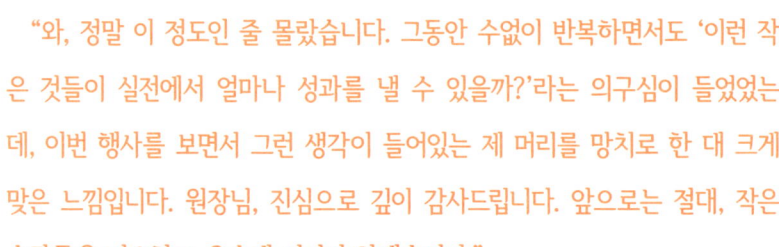

"와, 정말 이 정도인 줄 몰랐습니다. 그동안 수없이 반복하면서도 '이런 작은 것들이 실전에서 얼마나 성과를 낼 수 있을까?'라는 의구심이 들었었는데, 이번 행사를 보면서 그런 생각이 들어있는 제 머리를 망치로 한 대 크게 맞은 느낌입니다. 원장님, 진심으로 깊이 감사드립니다. 앞으로는 절대, 작은 습관들을 사소하고 우습게 여기지 않겠습니다."

교육공무원으로 10년간 일하다가 더 활기차게 일하고 싶어 퇴직 후 유명한 교육 전문회사에서 교육 강사를 양성하는 임원으로 10년간 활발한 활동을 한 정규혁 씨. 후배 강사의 소개로 네트워크마케팅을 접한 후 글로벌 비즈니스에 대한 매력에 푹 빠져 회사에 사표를 던지고 전업으로 뛰어든 결과 일 년 만에 최고 직급자가 되었다. 하지만 그 후 일 년 이상 조직과 매출의 정체 현상으로 고민에 빠져 있다가 필자에게 의뢰해 시스템 교육을 진행했는데, 늘 불만이 가득한 표정이었다.

그래도 서로 약속한 일 년의 계약기간 때문에 필자에게 말은 못 하고 참고 있다가, 처음으로 주최한 그룹 행사가 끝난 후 잔뜩 흥분된 표정으로 찾아와 침을 튀기며 큰소리로 감사의 표현을 한 것이다. 그전까지는 자신의 20년 교육 경험에 대한 전문성을 내세워 그룹 내에서 강의 잘하는 강사들만으로 사업설명회나 미팅, 세미나를 진행했는데, 필자는 오히려 평범한 초보 네트워커들을 훈련시켜 무대에 자주 올리는 연습을 시켰던 것이다.

"정 사장님, 네트워크마케팅의 가장 큰 매력은 '나도 성공할 수 있구나!'라는 비전을 느껴 누구나 도전하는 것입니다. 그런 평범한 수많은 사람들이 모여 각자의 성공을 위해 노력하면서 조직이 성장되는 것이 진정으로 모두가 성공하는 것입니다. 그러니 리더는 평범한 사람들에게 작은 성공 습관을 반복시키는 것을 가장 소중하게 여겨야 합니다."

성공을 유지하는 방법의 차이

성공한 네트워커 중 오래도록 그 성공을 유지하는 이들은 대부분 평범한 보통 사람 출신(?)이다. 그런데 단기간에 성공자 대열에 오른 이들은 대부분 특별한 사람 출신(?)이다. 사회에서 탁월한 능력, 실력을 발휘해서 명예를 얻었거나 전문가로서 네트워크마케팅을 만난 후 그 능력, 인맥, 자본(센터, 샵) 등을 최대한 활용해 남들보다 빨리 성과를 낸 것이다.

그러다 보니 성공자 대열에 오른 후 성공을 유지(?)하는 방법에도 큰 차이가 있다. 전자의 성공자는 초보 네트워커 때부터 배우고 익힌 노하우와 시행착오를 거치며 얻은 지혜들을 후배들에게 미팅과 세미나를 통해 자주 알려주면서 동기부여를 한다. 반면 후자의 성공자는 자신의 화려했던 과거 업적과 네트워크마케팅에서 이룬 빠른 업적을 자랑하며 자신과 함께라면 반드시 성공할 수 있다고 동기부여를 한다.

사람들은 대부분 능력 있고, 실력 있는 스폰서나 리더를 선호한다. 그러다 보니 아무래도 후자의 성공자에게 사람들이 몰리고, 단기간에 큰 성과도 나타난다. 하지만 시간이 지날수록 조직 내 평범한 보통 사람들이 하나둘씩 이탈하면서 조직의 성장이 멈추고 매출도 떨어진다. 그 후로 리더들이 아무리 실력과 능력을 발휘해도 좀처럼 회복되지 않는다.

답은 단순하다. 전자의 성공자는 초보 네트워커들에게 '나 같은 평범한 사람도 했으니, 당신도 성공할 수 있다!'는 동기부여를 했고, 후자의 성공자는 '능력 있는 내가 했으니, 당신은 나와 함께 일하면 성공할 수 있다!'는 동기부여를 했기 때문이다. 즉 전자는 다양한 보통 사람들에게 '당신도 성공할 수 있다'는 꿈과 용기를 준 것이고, 후자는 '나를 따르면 성공할 수 있다'는 비전으로 자신을 추종하게 만든 것이다.

작은 습관의 반복이 성공을 이룬다

네트워크마케팅의 진정한 매력은, '마르지 않는 샘물처럼 꾸준한 소득이 만들어지는 경제적인 자유와 그 소득을 위해 피땀 흘려 일하지 않아도 되는 시간적인 자유를 동시에 누릴 수 있다는 것이다. 그런 '마르지 않는 샘물'을 만들기 위해서는 비즈니스 초기 몇 년간은 많은 시간과 노력을 기울여 조직을 구축해야 하는데, 이 과정을 소홀히 하면 오히려 금방 말라 없어져 버리는 샘물이 될 수도 있다.

마르지 않는 샘물을 만드는 가장 좋은 방법은, 초보 네트워커를 빠른 시일 내에 '셀프 리더(self-leader)'로 육성하는 것이다. 다시 말해서, 아마추어를 빨리 프로 네트워커로 만드는 것이다. 그러기 위해서는 첫째, 자존감과 자신감을 찾게 도와준다. '나도 할 수 있다'는 것을 스스로 느끼게 한다. 미팅에서 탑 리더들의 과거 경험담을 자주 이야기하면 공감대가 형성되어 쉽게 느낄 수 있다. 그 다음 꿈 목록, 시각화 자료, 목표 계획서를 함께 작성한다. 매일, 매주 작성하고, 점검하고, 발표하다 보면 점점 자존감과 자신감이 높아지게 된다.

둘째, 스피치 훈련을 하고 자주 무대에 서게 한다. 자기소개, 체험사례발표, 회사설명 등을 30초, 1분, 3분, 5분, 10분 등에 맞게 시나리오를 작성해서 짧은 스피치에서부터 점점 시간을 늘려가며 스피치를 할 수 있도록 반복 연습을 시킨다. 칭찬과 피드백을 꾸준히 하면서 포기하지 않고 계속 성장할 수 있도록 도움을 준다. 작은 무대, 큰 무대에서의 기회를 수시로 만들어주면서 남들 앞에서 스피치 하는 것이 익숙해지도록 한다.

셋째, 스피치를 할 때마다 자신의 과거(Before)와 변화하고 있는 현재(After)의 상황이나 모습에 대한 내용을 발표하게 한다. 무대에 설 때마다 자신이 계속 성장하고 있다는 것을 스스로 깨닫게 하는 것이고, 듣고 있는 상대방에게는 '나도 할 수 있다'는 자신감과 용기를 갖게 하는 것이기 때문이다. 이것이야 말고 가장 단순하면서도 강력한 셀프 리더가 되는 방법이다.

가치를 전달하라

동네에서 건강식품 대리점을 10년 정도 운영하던 중, 우연히 방문한 네트워커로부터 정보를 전달받고 대리점을 네트워크마케팅 센터로 바꾸고 열심히 일한 결과 2년 만에 최고 직급자가 된 채현미 사장. 센터를 더 넓은 곳으로 옮기고 인테리어도 멋지게 해서 더 큰 성장을 기대했지만, 기대 이하의 결과에 크게 좌절했다. 필자는 채 사장과 많은 대화를 통해 한 가지 큰 문제점을 발견할 수 있었다.

"채 사장님, 초보 네트워커와 프로 네트워커의 차이는 '전달하는 것이 무엇이냐?'에 있습니다. 채 사장님은 프로 네트워커가 되었는데도, 아직도 초보 네트워커가 전달하는 것만 하고 있고, 그룹이나 센터의 세미나, 미팅에서도 그것만 전달하고 있습니다. 오늘부터 당장 모든 프로그램을 바꾸어 보십시오. 그러면 원하는 것 이상으로 성과를 얻을 수 있을 것입니다."

초보는 정보를 전달하고

네트워크마케팅은 누구든지 쉽게 시작해서 쉽게 진행할 수 있는 비즈니스이다. 특별한 경험과 지식이 필요한 것이 아니기 때문이다. 그저 자신이 제품을 체험해 보고 효과를 본 만큼 주위 사람들에게 전달하면 되는 일이다. 그래서 초보 네트워커들은 큰 어려움 없이 빠른 시간 내에 초보의 딱지(?)를 뗄 수 있다. 그리고 역시 자신의 파트너가 된 초보 네트워커에게도 똑같은 방법을 알려주고 도와주면서 함께 성장을 한다.

이때 사람들에게 가장 많이 전달하는 내용은 '제품 체험과 효과'에 대한 것이다. 주로 네트워크마케팅 회사에서 다루는 제품군이 건강과 미, 생활용품이 대부분이다 보니, 초보 네트워커들은 건강식품을 통한 건강 개선 효과, 화장품을 통한 피부의 변화, 저렴하고 품질 좋은 생활용품의 혜택 등을 적극적으로 전달하게 된다. 이런 일(정보전달)은 남자보다는 본능적으로 대화(수다)의 달인으로 태어난 여자에게 훨씬 수월하다. 그래서 네트워크마케팅을 하는 대부분 네트워커가 여자인 것이다.

초보 네트워커들의 정보전달은 복잡하고 어렵지 않다. 과거의 경험에 비추어 제품을 사용해 본 결과의 새로운 변화에 대한 얘기만 하면 되기 때문이다. 예를 들어 과거에 섭취해 봤던 다양한 건강식품과 현재 섭취하고 있는 건강식품과의 효과 차이, 과거에 사용했던 화장품과 현재 사용하는 화장품의 효능 차이, 과거에 사용했던 생활용품과 현재 사용하고 있는 제품의 품질과 가격 차이 등 이미 경험한 상식적인 정보의 차이만 전달하면 되는 것이다. 이런 상식(건강식품, 화장품, 생활용품)에 대한 정보도 역시 남자보다는 생활의 달인인 여자가 훨씬 더 많이 알고 있다.

덕분에 네트워크마케팅 입문에도 남자보다는 여자가 훨씬 빠르다. 상식적으로 생각하고 판단하기 때문이다. 기존의 제품보다 좋다는 생각이나 느낌이 들면 회원으로 가입하는데 크게 고민하지 않고, 회원으로 가입한다고 현재의 자신의 일이나 사업, 장사에 큰 지장이 든다고 생각하지 않기 때문이다.

반면 남자는 건강식품, 화장품, 생활용품에 대한 상식이 적은데다가 회원으로 가입하는 것이 자신의 일에 별 도움이 되지 않는다거나 오히려 주위의 눈치를 보게 된다는 생각이나 판단이 들면 회원가입을 꺼려하기 때문에 선뜻 결정하지 못하는 것이다.

이런 원인으로 결국 초보 네트워커 대부분이 여자의 비율이 높은 현상이 생긴 것이다. 그런데 어느 날 더 좋은 제품, 더 저렴한 제품에 대한 정보가 조직 내에 스며든다면 과연 어떤 일이 벌어지게 될까?

프로는 가치를 전달한다

초보 네트워커가 상식적인 정보만으로 많은 성과를 만들어낼 수는 있지만, 그 이후 다른 곳에서 더 좋은 정보가 나타나게 되면 그동안 쌓아온 모든 것이 순식간에 무너질 수 있다. 오랜 세월이 흘러도 무너지지 않고 꾸준히 성장하는 회사와 조직이 있다. 그 회사와 조직에는 프로 네트워커들이 많다. 그들의 역할 덕분에 주위에서 유혹의 손길이 수시로 다가와도 별문제 없이 넘어간다. 마치 감기가 유행해서 주위에 고생하는 사람들이 많아도 면역력이 강한 사람에겐 아무런 영향이 없듯이.

그런 프로 네트워커들의 비즈니스 방법은 역시 남다르다. 그 남다른 몇 가지 방법은 첫 번째는 첫 비즈니스 미팅 때부터 제품의 효과보다 사람(네트워커)의 이미지를 전달한다. 즉 정보를 전달하려고 애쓰는 것보다 자신이 알게 된 회사, 제품, 보상에 대한 '가치(Value)'를 전달하는 데 더 정성을 기울인다.

다시 말하면, 'Why(왜)?' 자신이 이 회사(제품, 보상)를 선택했는지에 대한 의미를 전달하는 것이다. 그러면 상대방은 제품보다도 그 정보를 전달하는 네트워커의 의지, 신념, 확신 등에 대한 생각과 판단을 하게 되는 것이다. 그렇게 해서 함께 일하게 되었다면, 그들은 이미 동지애(同志愛)로 상식을 뛰어넘는 팀워크를 발휘하게 된다.

두 번째는 센터나 팀미팅, 그룹세미나 등에서 스피치나 강의를 할 때도 '네트워크마케팅에 대한 가치'에 대해 강조한다. 네트워크마케팅 비즈니스의 특징과 1인 사업가로서의 역할과 자세, 솔선수범하는 셀프 리더십, 그룹의 시스템 구축을 위한 헌신과 봉사 등 '사업가(리더)'로서의 자부심을 느낄 수 있는 '가치(Value)'를 부여한다. 초보자가 궁금해 하는 'How(어떻게)?'에 대한 다양한 방법도 알려주지만, 그보다 더 'Why(왜) 네트워크마케팅을 하는지?'에 대한 의미와 가치를 전달하는 것이다.

꿈의 크기만큼 성공한다

"지난 1년 동안 이룬 성과가 과거 3년 동안 이루었던 성과보다 훨씬 더 크다는 것이 아직도 믿기지 않습니다. 1년 전에 원장님께서 '꿈이 클수록 이루기가 쉽다'라는 말씀을 하실 때는 그 뜻을 도무지 이해할 수가 없었는데, 이제야 그 깊은 뜻을 알 수 있을 것 같습니다. 앞으로도 저는 꿈을 크게 꾸고 그 꿈을 이루기 위해 모든 열정을 쏟겠습니다."

대학에서 마케팅을 전공하고 졸업 후 기업의 마케팅 부서에서 5년간 직장생활을 하다가 퇴사하고 프리랜서로 자유롭게 온라인과 오프라인에서 마케팅 관련 일을 했던 백선미 씨. 거래하던 고객으로부터 네트워크마케팅에 대한 정보를 받고 비전을 느껴 아예 전업으로 뛰어들어 2년 동안 열정적으로 일한 결과 억대 연봉자의 직급자가 되었다. 그러나 그 후 1년간 매출과 소득의 변화가 거의 없었고, 파트너 중 승급자가 탄생하지 않아 깊은 고민에 빠지게 되었다. 뭔가 돌파구가 필요한 방법을 찾던 중 네트워크마케팅 관련 책을 보다가 필자의 책을 보고 감명을 받아 필자에게 연락하여 만나게 되었다. 그동안의 비즈니스 방법과 진행해 온 모든 것의 자초지종을 들어보니 딱 한 가지만 바꿔도 크게 성공할 리더라고 여기고 그 방법을 알려준 결과 역시 1년 만에 큰 성과를 이룬 것이다.

"백 사장님, 네트워크마케팅에는 한계가 없습니다. 스스로가 한계를 정하지 않는 한 무한대로 성장할 수 있습니다. 그러니 꿈을 크게 꾸십시오. 꿈의 크기만큼 성공할 수 있습니다. 리더의 꿈의 크기만큼 파트너들도 성장할 수 있습니다."

꿈의 크기

네트워크마케팅이 다른 사업이나 비즈니스와 다른 것 중 하나가 특별한 능력이나 실력이 없는 평범한 사람에게도 매출이나 소득의 한계가 없다는 것이다. 대부분 일반적인 사업이나 비즈니스는 경쟁사나 경쟁자보다 뭔가 다른 능력이나 실력, 그 외의 경쟁력이 될 만한 특별한 뭔가가 있어야 성공할 수 있는데, 네트워크마케팅에서는 그렇지 않다. 네트워크마케팅에서는 오히려 능력자, 실력자보다는 평범한 사람들이 성공한 숫자가 훨씬 더 많다는 것이 그것을 증명하고 있다.

그 원인은 '꿈꾸는 일'에 있다. 그동안 잃어버렸던 꿈, 생각지도 못했던 꿈, 불가능할 것 같았던 꿈 등을 네트워크마케팅을 만난 후 다시 꾸게 되면서 시작된 것이다. 왜냐하면, 어릴 때 꿈을 꾸었던 것이 점점 어른이 되어가는 과정에서 학력, 인맥, 경력, 능력(기술, 자격), 자본력, 나이, 성별 등의 심한 차이와 한계에 부딪혀 사라지거나 꺾어졌는데 네트워크마케팅은 그런 제약 조건들이 전혀 적용되지 않기 때문이다.

그래서 선배 네트워크들이 후배 초보 네트워커들에게 가장 많이 강조하고 훈련하는 것이 꿈꾸는 일이다. 즉 '목표'를 설정하는 일이다. 이 과정에서 그 사람의 미래가 결정된다. 믿든 믿지 못하든 사람의 미래는 꿈꾸는 것만큼 만들어진다.

여기에서도 두 가지 방법이 있다. 하나는 현실적으로 이루기 쉬운 꿈(목표)을 꾸는 것이고, 또 하나는 현실적으로 불가능할 정도의 높은 꿈(목표)을 꾸는 것이다. 대부분 리더는 초보 네트워커들에게 부담을 느끼지 않도록 쉬운 꿈(목표)을 꾸라고 한다. 하지만 필자는 오히려 높은 꿈(목표)을 꾸라고 강조한다. 인간의 잠재력과 적응력을 믿기 때문이다. 꿈이 클수록 인간의 마음속에 잠자고 있던 커다란 거인이 깨어나 그 꿈을 이룰 수 있도록 도와준다.

성공의 크기

작은 꿈을 꾸든 큰 꿈을 꾸든 네트워크마케팅에서는 원하는 만큼 얻을 수 있고 이룰 수 있다. 그런데 필자가 30여 년의 경험으로 알게 된 것은, 회사의 크기만큼 그 회사 리더들이 꿈을 꾸고, 리더(스폰서)들의 꿈의 크기만큼 후배 네트워커(파트너)들이 꿈을 꾼다는 것이다. 그래서 역사가 오래되고 규모가 큰 회사의 네트워커일수록 그 깊이와 넓이만큼 꿈을 꾸며 비즈니스를 하고, 성공한 리더의 그룹 시스템과 문화에 따라 거기에 소속된 후배 네트워커들도 그 규모에 어울리는 꿈을 꾸고 도전하는 것을 볼 수 있다. 그러니 결과적으로 큰물에서 놀아야 큰 물고기가 될 수 있는 것이다.

그래서 필자는 제자들에게 꿈을 크게 꾸라고 가르친다. 그 꿈을 이루기 위해 지금까지 살아오면서 사용해 보지 못했던 큰 생각, 큰 행동을 사용하게 하고, 습관이 될 때까지 계속 반복시켜서 결국 큰 꿈을 이루게 한다. 그것은 매우 단순한 성공의 원리이다. 생각이 바뀌면 행동이 바뀌고 행동이 바뀌면 습관이 바뀌고 습관이 바뀌면 운명이 바뀌기 때문이다. 사람들은 이런 성공의 원리를 잘 알면서도 실천을 하지 않을 뿐이다. 아무리 큰 꿈도 이 원리를 적용하면 너무도 쉽게 이룰 수 있다.

꿈을 크게 설정하면 우선 부담을 느낀다. 없었던 큰 장애물을 만난 기분이라 두렵기까지 할 것이다. 바로 이것이다. 목표가 높을수록 장애물이 높다. 장애물이 높기 때문에 그것을 해결하기 위해 그동안 보지 않았던 책과 자료를 찾아본다. 그 분야의 성공자나 전문가를 찾거나 만난다. 배우고 실천한다. 수없이 거듭되는 실패로 포기하고 싶을 때도 있겠지만, 그것을 극복할 때마다 한 단계씩 성장하는 자신을 발견한다. 심지어 그 과정에서 생각지도 못했던 귀인(貴人)을 만나 도움을 받기도 한다. 그 과정이 아니면 절대로 만날 수 없는 존재를 만나게 되는 것이다. 그렇게 꾸준히 앞으로 나아가다가 결국 그 꿈을 성취하는 것이다.

크게 성공하고 싶은가? 그렇다면 큰 꿈을 꾸어라. 당신의 꿈의 크기만큼 당신은 성공할 것이다.

조직관리

시스템이란 여러 구성요소가 상호작용하거나 상호의존하여 복잡하게
얽힌 하나의 집합체로, 각 부분이 모여 전체로서 특정한 성질이나
움직임을 나타내는 것을 의미한다.
네트워크마케팅에서는 성공한 회사나 선배 네트워커들의
성공노하우를 정리해 놓은 매뉴얼이라고 할 수 있다. 주로 교육과
훈련을 통해 네트워커들에게 전달되고 있기 때문에, 시스템을
제대로 배우기 위해서는 회사와 그룹의 미팅과 세미나에 적극적으로
참여해야 한다.

시스템의 위력은 콩나물시루에 있는 콩나물과 같이 당장은 눈에
보이지 않아도 시간이 흐를수록 나타나기 때문에, 시스템의 혜택을
받기 위해서는 무엇보다 꾸준한 인내심과 반복이 필요하다.

성공보다 성장을 하라

"파트너와 함께 직급 도전을 하고 있는데 큰 문제가 발생했습니다. 오랜 친분으로 그 누구보다도 이해를 잘 해주던 파트너가 가장 중요한 지금 뒷짐을 지고 있습니다. 그 파트너가 도전을 포기하면 저도 직급을 달성하는 것이 어렵게 되고 도전했던 지난 두 달의 노력이 물거품이 되어버립니다. 파트너는 직급에 도전하면서 자신의 파트너들이 힘들어 하고 오히려 갈등이 생겼기 때문에 직급 도전이 의미가 없다고 하는데 원장님, 도대체 이럴 땐 어떻게 해야 하나요?"

평범하게 주부생활을 해오던 이명희 씨. 주변 지인의 소개로 네트워크마케팅 사업에 뛰어들었다. 그동안 친구나 주위 사람들로부터 신뢰를 받아온 덕분인지 생각보다 수월하게 회원 모집을 할 수 있었고, 그 중 몇 사람은 이명희 씨처럼 전업을 하겠다고 달려들었다. 대부분 그동안 잘 알고 지내던 지인들이고 서로 두터운 우정과 믿음을 갖고 있었다.

그런데 이번에 큰 문제가 발생했다. 스폰서가 이명희 씨를 성공자 대열에 올려 중요한 직급에 도전을 하면서 파트너들과 갈등이 생긴 것이다. 마치 이명희 씨가 성공하기 위해 파트너들을 이용하는 것 같은 오해를 받게 된 것이다. 파트너들은 도전할 만한 여력과 준비가 되어 있지 않은데 무리하게 도전한다는 비난이 쏟아진 것이다. 오해는 좀처럼 풀리지 않았고 예전의 친분관계도 식어버려 서먹서먹해졌다. 이런 상태에서 계속 직급에 도전한다는 것은 무리이고 더 심각한 것은 파트너들과의 인간관계가 회복될지 어떨지 모른다는 것이다.

　"이명희 사장님, 직급 도전에 대한 공동목표와 계획이 파트너들과 제대로 공유되지 않으면 이처럼 큰 문제가 발생됩니다. 직급 달성보다 더 중요한 것은 파트너들의 성장입니다. 파트너는 자신이 성장하고 변화될 수 있는 기회라고 여기면 어려움도 감수할 테지만 그렇지 않으면 자기가 이용당하거나 희생당한다고 생각하게 됩니다."

재미있는 일, 재미없는 일

　어린아이는 아직 세상을 잘 모르기 때문에 뭐든지 흥미롭고 재미있어 한다. 실패도 모르기 때문에 뭐든지 만지고 두드리고 먹어본다. 세상이 온통 놀이터이고 놀잇감이다. 그래서 어린아이들은 재미있게 지내는 것이다.

　그런데 어른은 아는 게 많아서 아무거나 만지고 두드리고 먹지 않는다. 실패를 알기 때문에 잘 모르는 것에 대해서는 시도조차 안한다. 처음에 운전을 배울 때, 자전거를 배울 때, 영어회화를 배울 때처럼 새로운 것이나 자신이 하고 싶었던 것을 배울 때의 반복하는 것은 감수하는데 그 외는 싫어한다.

그래서 일찌감치 성공한 사람들은 성공을 꿈꾸는 어른들에게 이왕이면 '가슴을 뛰게 하는 일'을 찾고 그 일을 하라고 한다. 그렇지 않으면 하고 싶지 않은 일을 계속 반복하면서 살아야 하고 그렇게 살다보면 인생의 의미를 못 느끼고 허무하게 살게 되기 때문이다. 네트워크마케팅이 어른들에게 매력적으로 느껴지는 것은 가슴 뛰는 삶을 찾을 수 있는 기회를 주기 때문이다. 늘 새롭고 신선한 기분으로 일할 수 있다. 가장 좋은 것은 공감대가 형성되는 사람들과 함께 재미있게 일할 수 있다는 것이다. 또 하나의 다른 가족, 평생 친구가 될 수 있다.

네트워크마케팅은 일할수록 어린아이처럼 된다. 유치하고 순수해지는 것이다. 어른이면서 어린아이처럼 사는 것, 이 얼마나 멋진 인생인가? 그것이 더 재미있고 가치 있는 삶을 만들어 가는 것이다. 반복되는 일이면서도 늘 새롭고 신선하고 즐거운 일 이런 일이라면 그 누구에게나 마음껏 권유할만하지 않을까?

성공하는 사람, 성장하는 사람

각 회사에서는 네트워커들의 성공여부를 당연히 매출로 평가를 할 수밖에 없기 때문에 회사가 정한 기준인 핀 레벨로 대우를 하고 보상을 하지만, 그룹(조직)에서는 조금 더 유연성 있게 할 필요가 있다. 성공의 기준보다 파트너들의 성장을 위한 방법을 고민하는 것이다. 파트너가 성장할 수 있는 방법은 의외로 간단하다. 일을 재미있게 할 수 있도록 도와주면 된다. 공동의 목표가 생겼을 때 파트너는 자연스럽게 자신을 비우거나 내세워서 목표에 도전하게 된다. 네트워크마케팅에서 조직을 성장시킬 수 있는 방법은 매우 단순하고 쉽다.

첫째, 정기적인 팀미팅을 할 때 파트너들에게 좋은 사건(Good News)을 발표하게 한다. 지난번 팀미팅 이후에 생긴 일 중 개인적으로 기분 좋은 일이나 행복했던 일에 대한 내용을 1분 정도 짧은 시간에 발표하는 것이다. 그 이야기를 듣는 다른 파트너들도 함께 즐거워하고 기뻐하고 축하하는 재미있는 시간이 될 뿐만 아니라 가족 같은 분위기가 만들어진다.

둘째, 책 토론(Book Workshop)를 한다. 베스트셀러나 스테디셀러 또는 자기계발, 팀워크에 도움이 되는 책을 선정해서 각자가 일주일간 읽으며 중요한 부분을 줄을 치게 한 후 팀미팅 때 발표하게 한다. 느낌이나 감동, 자신의 다짐 등을 발표하다 보면 삶의 가치와 의미, 성공과 행복에 대한 가치관도 올바르게 정리될 수 있다.

셋째, 친교의 시간을 갖는다. 한 달에 한 번 정도 가까운 교외의 경치 좋은 곳으로 팀원들과 나들이를 가는 것이다. 연수원이나 비즈니스센터가 아닌 펜션이나 리조트와 같이 휴양을 할 수 있는 곳을 선정한다. 비즈니스의 목적이 아니고 오로지 팀원들과 편안하고 재미있게 지내는 것이 목적이다. 이곳에서 핀 레벨이나 스폰서, 파트너의 형식적인 격이 없이 허심탄회하게 대화를 나눈다.

위의 세 가지 방법은 매우 단순하고 쉽다. 하지만 위력은 대단하다. 파트너들이 네트워크마케팅이라는 비즈니스 도구에 끌려 다니지 않고, 오히려 도구를 마음껏 잘 활용할 수 있도록 하려면 즐겁게, 재미있게 일할 수 있는 환경을 만들어야 한다. 성공하고 싶은가? 그렇다면 당신과 당신의 파트너가 성장할 수 있도록 하라!

시스템의 차이

"3년이 지났는데도 아직도 밤낮으로 뛰어다니고 있습니다. 처음 시작할 때는 1년만 지나면 여유 있게 지낼 줄 알았거든요. 그런데 여전히 정신없이 바쁘게 지내고 있습니다. 스폰서들을 보면 제 미래가 뻔히 보입니다. 그 분들은 저보다 더 바빠요. 직급이 높아질수록 경제적인 독립과 시간의 자유를 얻을 수 있는 게 네트워크마케팅이라고 했는데 도대체 언제쯤 여유 있게 일을 할 수 있는 거죠?"

중요한 것은 시스템이다

네트워크마케팅은 '구전(口傳)'마케팅이다. 즉 제품의 효과를 체험해서 입으로 전달하는 판매방식인 것이다. 그래서 첫 번째는 제품이 좋아야한다. 어떤 사업이든 제품으로 승부를 거는 것은 당연한 것이지만 특히 네트워크마케팅은 탁월한 효과를 볼 수 있는 매우 뛰어난 제품이어야 한다.

그래야 제품을 써 본 고객(소비자)이 자신의 주위 사람들에게 마음껏 자랑하면서 전달할 수 있다. 만약 제품의 효과가 자랑한 만큼 뛰어나지 못하다면 전달한 사람의 신뢰는 떨어지는 것이니 그 다음 단계로 이어질 수 없다.

그 다음 순위가 보상이다. 자랑한 만큼 보상이 되돌아온다면 더 신나게 자랑을 할 테니까 말이다. 역시 보상플랜도 합리적이어야 한다. 보상플랜이 너무 복잡하고 어렵다면 일을 하면서 네트워커들이 힘이 빠질 수 있고 너무 쉽다면 제품의 효과 전달은 뒷전으로 제쳐놓고 돈 버는 쪽으로만 신경 쓸테니 편법을 쓰거나 변질될 가능성이 많다.

그 다음 중요한 것은 개인과 조직을 성장시키는 '교육시스템'이다. 네트워크마케팅 경험자들이 가장 중요하게 여기는 부분이 바로 이 시스템이다. 시스템이 있느냐 없느냐 또 있어도 체계적인 시스템이냐 일반적인 시스템이냐를 평가한다. 체계적인 시스템이라면 안전하고 즐거운 여행을 하는 것과 같고, 그렇지 않으면 계획 없이 무모하게 떠나는 여행과도 같기 때문이다. 다행인 것은 체계적인 시스템에 대한 것을 우리는 이미 인생을 살면서 다 경험해 왔다는 것이다. 유치원·초·중·고·대학교의 교육체계가 바로 그것이다. 이런 단계처럼 조직에서도 초보자, 사업자, 직급자, 최고 리더들을 대상으로 하는 교육 시스템을 준비한다면 성공하는데 문제가 없을 것이다.

필자가 30여 년간 시스템 교육을 해오면서 놀란 것은, 대부분의 네트워커들이 체계적인 시스템을 배우기보다는 개인적인 노력만으로 외줄타기를 하는 것처럼 무모하게 일을 한다는 것이다. 직장생활 할 때보다 더 열심히 뛰고도 나중에 포기하면서 네트워크마케팅은 너무 힘들다고 얘기한다. 시스템의 부재가 이런 결과를 만드는 것이다.

성공과 실패는 시스템의 차이

명문 학교와 일반 학교의 차이는 교육시스템에 있다. 마찬가지로 네트워크마케팅에서도 명문 조직과 일반 조직의 차이는 교육시스템에 있다. 성공한 그룹은 체계적이고 전문적인 교육시스템이 있다. 덕분에 초보 네트워커는 쉽게 성공할 수 있다. 또한 그런 초보 네트워커를 가르치는 리더들도 솔선수범하고 결과를 보여줘야 하기에 명품 리더가 될 수밖에 없다.

교육 시스템은 개인과 조직을 성장시키는데 목적을 두고 있다. 특히 명문 조직일수록 네트워크마케팅의 본질과 올바른 리더십에 대한 부분을 강조한다. 즉 정확한 비즈니스에 대한 이해와 복제의 원본이 되는 리더의 자세와 역할, 솔선수범에 대한 것을 중요하게 다루는 것이다.

필자가 명품 회사와 그룹을 평가하는 기준은 간단하다. 초보 네트워커나 중간 리더의 입에서 무엇을 가장 많이 자랑하는지 들어보면 된다. 회사나 제품에 대한 자랑은 기본이고 회사의 경영자에 대한 철학이나 인품에 대한 자랑을 그룹 탑 리더나 스폰서에 대한 리더십과 인성에 대한 자랑을 유난히 많이 할수록 그 회사나 그룹은 명문이라고 판단한다. 즉 사람(경영자, 탑 리더, 스폰서)에 대한 자랑이 넘친다는 것은 그들에게 배우고 그들처럼 되고 싶다는 강렬한 욕구를 갖고 있는 것이기에 개인의 성장은 물론 조직의 성장이 될 수밖에 없는 것이다. 명장 밑에서 명장이 나올 수밖에 없는 원리와 똑같다.

중국여행을 하면 독특한 재미를 더하는 것이 있는데 짝퉁 시장에서 쇼핑하는 것이다. 우리나라의 백화점보다 더 큰 빌딩에서 몽땅 짝퉁 제품을 판매한다. 상품의 외형이나 디자인은 진짜와 다름이 없지만 역시 품질은 다르다. 심지어 쇼핑하고 나온 후 버스를 타고 이동하는 과정에서 고장이 나기도 한다. 하지만 짝퉁임을 알고 구입했기에 따지기도 그렇고, 반품도 그렇고 해서 손해보고 마는 사람이 많다.

네트워크마케팅이 잘 될수록 네트워크마케팅을 흉내 낸 짝퉁 회사가 넘쳐난다. 심지어 법의 테두리를 벗어난 최신 기법들이 네트워커들을 유혹한다. 그때마다 제대로 네트워크마케팅을 배우지 못하고 이러지도 저러지도 못하고 방황하는 순진한 네트워커들이 그들의 먹잇감이 되고 만다. 그리고는 짧게는 몇 개월, 길게는 몇 년간 시간과 인맥을 낭비하면서 아무런 의미가 없는 인생을 살게 된다. 심지어는 그 세계에서 빠져나오지 못하고 손해 본 것을 본전이라도 찾아야 한다며 비슷한 곳을 돌아다니다 점점 더 수렁에 빠져들고 만다.

네트워크마케팅은 매력적인 사업이지만 원칙과 기본이 지켜지지 않으면 가장 손해를 많이 볼 수 있는 사업이기도 하다. 그것을 지켜줄 수 있는 것이 체계적인 교육 시스템이다. 그런 시스템을 갖추고 있는 명품 조직만이 존재해야하는 곳이 바로 네트워크마케팅이다.

팀미팅을 주도하라

"제가 네트워크마케팅 비즈니스를 시작한 지 3년이 지났는데 저희 팀은 아직도 다른 팀들처럼 조직적으로 움직이지 못하고 있습니다. 제품을 자동 구매하는 멤버들은 2백 명이 훨씬 넘는데 미팅이나 세미나 때 모이는 멤버들은 항상 15~20명 정도밖에 안됩니다. 직급이나 소득도 늘어나지가 않고요. 비슷한 시기에 시작했던 다른 팀은 스폰서 그룹에서 독립해서 자체적으로 그룹 행사를 하는데 모이는 인원만 5백 명이 넘습니다. 그 그룹은 매출도 상승하지만 매달 승급자들이 탄생되고 있습니다. 왜 똑같은 회사, 제품, 보상플랜이고 저도 열심히 하는 데 이런 차이가 나는 거죠? 저에게 무슨 문제가 있는 건가요?"

팀미팅

네트워크마케팅의 생명은 팀워크이다. 그래서 개인적인 능력보다도 팀워크를 잘 이룰 수 있는 사람이 성공할 가능성이 많다. 당연히 성격이 무난한 사람에게 유리하다. 더 나아가 긍정적이고 유쾌한 성격을 지닌 사람이라면 네트워크마케팅을 재미있게 진행할 수 있다. 그래서 팀워크를 잘 이루는 팀들을 보면 대부분 긍정적이고 유쾌한 사람들로 구성돼 있다. 이렇게 긍정적인 사람, 유쾌한 사람, 진취적인 사람, 외향적인 사람들만 모여 있으면 얼마나 좋을까? 아무 문제없이 즐겁게 일하며 성공적인 삶을 살 것이다. 그런데 네트워크마케팅의 특성상 남녀노소 누구나 다 참여할 수 있기 때문에 별의별 성격과 경험, 지식을 가진 사람들이 만나게 된다.

초기에는 별로 갈등이나 문제가 발생되지 않는다. 평균적으로 사업을 시작한 후 5~6개월 정도 지나면 다양한 갈등이 나타나기 시작한다. 왜냐하면 사업을 시작한 초기에는 주로 회사의 안정성, 제품의 탁월함, 보상플랜의 매력에 빠져 '어떻게 하면 이런 좋은 정보를 주위 사람들에게 알릴까?', '어떻게 하면 내가 아는 사람들을 초대를 할까?'하는 데만 신경을 쓰기 때문이다. 그러다가 시간이 지날수록 스폰서의 역할에 대한 기대와 불만이 점점 나타나기 시작한다.

도움을 주는 스폰서에게는 한없이 존경심을 그렇지 못한 스폰서에게는 불평과 불만을 표현한다. 이런 모든 것이 겉으로 표현되는 것이 팀미팅이다. 그래서 네트워크마케팅의 성장과 실패는 팀미팅에서부터 시작한다. 미팅에서 하나하나 알아가고 이해하고 사람을 파악해야 앞으로 펼쳐질 미래에 대한 것도 예측을 하게 된다.

그래서 팀미팅을 통해 정보를 주고 방법을 알려주고 하는 것도 좋지만 파트너들의 성격과 기질, 매너, 인간관계 등을 파악하는 것이 더 중요하다. 그래야 각자의 특성과 색깔에 맞는 역할을 부여해 좋은 팀워크를 만들 수 있을 테니까. 그리고 결정적인 한 방은 자신의 팀미팅은 어떤 일이 있어도 자신이 주최하고 주도해야 한다.

팀미팅 주도하기

자기의 팀은 자기가 주도해서 팀미팅을 해야 한다. 혹시 자기가 많이 부족해서 어쩔 수 없이 스폰서에게 부탁을 했다고 해도 진행과 소개, 마무리는 자신이 해야 한다. 그러면 자연스럽게 모든 미팅은 자기가 주도하고 스폰서는 단지 특별히 초청된 강사의 역할만 하게 되니 파트너들에게는 당신이 주인공이 되는 것이다.

팀미팅을 주도하는 효과적인 방법은 첫째, 미팅 날짜와 시간을 주도한다. 예를 들어 '매주 월요일 오전 11시에 미팅을 할까 하는데, 어떠세요?'라고 결정을 하고 물어보는 식이다. 그렇지 않고 '언제 미팅하는 것이 좋을까요?', '몇 시에 하는 것이 좋을까요?'라고 물어본다면 파트너들을 배려하는 느낌은 들지만 스폰서가 방향을 못 잡고 파트너에게 의존하는 것 같은 느낌을 주게 된다.

둘째, 주제를 정하고 과제나 역할 분담을 주도한다. 예를 들어 '다음 미팅 주제는 '팀워크'에 관한 것입니다. 이번 주제에 대한 실제사례 발표와 정리는 홍길동 사장님께서 해주시면 좋을 것 같습니다. 홍길동 사장님, 우리 팀의 성장을 위해 멋진 발표 부탁드립니다'라고 부드러운 미소와 함께 정중하면서도 절도 있게 요청한다.

혹시라도 홍길동 사장이 다른 일정으로 곤란하다고 할 경우, 재빠르게 '그럼, 임꺽정 사장님께서 수고해주시겠습니까?'라고 주도하는 질문을 한다. 그렇지 않고 '자, 다음 주제를 무엇으로 하는 게 좋을까요?', '그럼 누가 준비하시겠습니까?'라고 질문한다면 대부분 고개만 숙이거나 눈길을 피할 것이다. 이렇게 되면 파트너들은 미팅에 부담을 느끼고 다음 미팅에는 나오지 않을 수 있다.

셋째, 진행을 주도한다. 미팅의 시작과 중간, 마무리를 자신이 주도해서 사회를 본다. 이것은 마치 시사 프로그램에서 전문가들이 초청돼 토론하는 데 사회자의 역할과 흡사하다. 사회자가 모든 것을 다 알고 말하는 것이 아니라 흐름에 맞게 조절하면서 진행만 하는 것이다. 주제에 맞는 각 내용은 파트너들이 준비해서 발표나 정리하게 하고 자신은 진행을 보는 것이다.

스폰서의 부족한 경험, 나이, 지식, 강의능력 등이 파트너에게 불평, 불만의 요소로 작용할 수 있지만 그것을 극복할 수 있는 것은 '주도적인 역할'을 하는 것이다. 못난 부모라고 자식에게 무시당하는 것이 아니다. 부모다운 주도적인 역할을 한다면 자식들이 부모를 공경하는 것처럼 파트너들도 당신을 존경하고 따를 것이다. 팀미팅을 주도하라!

성장의 비결

"작년에 비슷한 시기에 사업을 시작했던 형제 라인은 행사인원이 600명이나 되는데, 저희 라인은 10분의 1도 안 되는 50명 정도입니다. 그동안 회사나 그룹에서 진행하는 미팅과 세미나에 한 번도 빠진 적이 없었고, 오히려 제가 더 활발한 활동을 한 것 같은데 왜 저희 라인은 성장하지 못하는 것인지 도저히 이해가 되질 않습니다. 강의나 그룹에서의 역할도 제가 더 많은데…. 도대체 뭐가 문제가 있는 것인가요?"

중소기업 영업부에서 12년간 일하다가 동생에게 네트워크마케팅을 소개받고 퇴사 후 전업으로 활동을 해온 권영택 씨. 영업부에서 일했던 과거의 경험을 되살려 네트워크마케팅에서도 신나게 일했지만 일 년 정도 지난 요즘 예상보다 좋은 성과가 나지 않아 슬럼프에 빠졌다. 특히 형제 라인의 큰 성과가 부럽기도 하면서 상대적으로 의욕저하의 요인이 됐다.

혼자 가면 빨리 간다

초보 네트워커 대부분은 매일 눈에 보이는 것에 의해 길들여진다. 예를 들어 미팅에서 강의하는 강사의 말투·언어·행동·습관 등이다. 그것은 마치 세상에 나와 처음으로 교육을 받는 유치원생과도 같다. 유치원 선생님의 말과 행동에 익숙해진 유치원생들이 부모나 친구들에게 똑같은 말과 행동을 하게 되는 것과 같은 원리이다. 그래서 초보 네트워커들의 지식과 언어는 거의 강사나 늘 함께 어울리는 리더의 수준이다.

이런 원리 때문에 초보 네트워커 중 성공을 간절히 꿈꾸는 사람들은 단기간 내에 강사나 리더들의 모든 것을 흉내 낸다. 눈앞에 보이는 모든 것이 성공의 요소라고 생각하기 때문이다. 덕분에 얼마 지나지 않아서 나름대로 리더의 역할을 하게 되고 네트워크마케팅에 더욱 재미를 느끼게 된다. 심지어 파트너들에게 이미 성공한 사람처럼 보여 부러움의 시선을 한 몸에 받게 된다. 이렇게 재미있는 비즈니스는 난생처음이라 신바람이 나서 부르는 곳마다 달려가게 되고 능력과 실력을 한껏 발휘한다. 그러면 그럴수록 파트너들은 더욱 존경심을 보내고 도움 요청도 많이 하게 된다.

그러다 어느 순간 자신이 마치 유명 스타가 된 것처럼 느끼게 되고 대단한 능력자인 것처럼 느끼게 된다. 파트너들의 해결사가 된 듯 착각에 빠지는 것이다. 그래서 미팅을 늘 주최하고 강의 하고, 후원을 가서 비전을 전달한다. 그러다보니 어느 날부터인가 파트너들의 소극적이고 피동적인 행동들이 눈에 들어오기 시작한다. 자연스럽게 말투가 명령어와 지시어로 바뀌면서 윗사람(?) 노릇을 하게 된다. 마치 회사에서 임원이 직원들을 불러 회의할 때와 비슷한 상황이 연출되는 것이다.

그런 능력자(?)가 된 스폰서는 그 후에도 혼자 이리 뛰고 저리 뛰며 능력 발휘를 한다. 가는 곳마다 승리 하고 파트너들에게 아낌없는 박수와 존경을 받지만 조직의 성장은 거의 이뤄지지 않는다. 늘 40~50명 정도 오르락내리락하면서 미팅과 세미나, 1박2일 행사에 명분만 지킬 정도의 인원에서 벗어나지 못하는 것이다.

이 모든 것은 잘난 리더가 혼자 북 치고 장구 치고 한 결과이다. 혼자 능력 발휘하고 해결하니 혼자만 빨리 가는 것이다.

함께 가면 멀리 간다

네트워크마케팅의 성공비결은 복제를 얼마나 잘하느냐에 달려있다. 복제를 잘한다는 것은 자신과 똑같거나 비슷한 파트너를 많이 만든다는 것이다. 그래서 성공하려면 두 가지 중에 한 가지만이라도 잘해야 한다. 하나는 이미 사회에서 셀프 리더(Self-leader)인 사람을 파트너로 만드는 것이고, 또 하나는 평범한 파트너를 셀프 리더(Self-leader)로 만드는 것이다, 물론 두 가지 모두 가능하다면 금상첨화(錦上添花)다.

아무리 회사가 훌륭하고 제품이 탁월하고 보상플랜이 우수하다고 해도 이런 네트워크마케팅의 기본적인 원리를 모른다면 단순 판매원의 역할만 할 뿐이다. 파트너들과 함께 오래 갈 수 있는 방법은 그들을 셀프 리더로 만드는 것이다. 회사나 그룹에서 그런 리더를 육성하는 교육프로그램이 있으면 좋고 없다면 팀에서라도 만들어야 한다. 그 방법은 간단하다.

첫째, 파트너를 무조건 인정하고 이해한다. 부모가 어린 자녀를 인정하고 이해하는 것과 같은 마음으로 파트너가 초보자임을 인정하고 부족하다는 것도 이해하는 것이다. 아무리 사회경험이 많고 지식이 많다고 해도 네트워크마케팅은 처음이기에 유치원생과 똑같이 백지상태이다. 새로운 세계에 대한 두려움과 불안함을 인정과 이해로 깨끗하게 없애주는 것이다.

둘째, 배려하고 칭찬과 격려를 아끼지 않는다. 작은 성과에도 큰 박수와 격려, 칭찬을 해준다. 부모가 보기에 아무것도 아닌 것이지만 유치원생 자녀가 한 작은 행동과 결과에 엄청난 칭찬과 박수를 보내는 것처럼 파트너의 성장은 스폰서의 칭찬과 격려가 큰 힘이 된다. 칭찬은 파트너의 열정과 자신감을 춤추게 할 것이다.

셋째, 기회를 많이 주고 믿는다. 미팅이나 세미나, 행사 때 스피치를 할 기회를 최대한 많이 만들어 준다. 이것은 네트워크마케팅에서 파트너를 성장시키는 최고의 방법이다. 많은 사람들 앞에 나설 수 있는 기회를 통해 자신감과 용기를 만들어 주는 것이다. 안내를 보는 것도 좋고, 사회를 보는 것도 좋다. 체험사례 발표, 인생전환점 발표 등 사람들 앞에서 당당하게 발표할 수 있는 기회를 많이 줄수록 파트너는 셀프 리더가 되는 지름길을 걷게 된다.

넷째, 미팅을 주최, 진행하게 한다. 이것이 셀프 리더가 되는 가장 빠른 방법이다. 서너 명 단위부터 수십 명 단위, 수백 명 단위의 미팅에 주도적인 역할을 하게 함으로 해서 배짱을 키우는 것이다. 배짱은 곧 셀프 리더십으로 전환될 것이다. 이런 미팅이 최대한 많이 이루어질 수 있도록 하면 조직의 성장은 폭발적으로 이뤄진다.

네트워크마케팅의 가장 큰 매력은 복제의 원리이다. 즉 셀프 리더를 많이 만들 수 있다면 세상에서 가장 재미있는 일이 될 것이다. 그렇지 않다면 가장 재미없는 일이 될 것이다. 당신도 네트워크마케팅을 재미있게 하고 싶다면 파트너와 함께 가라. 단 그들을 인정하고 칭찬하고 기회를 줘야 한다. 그들이 마음껏 뛰놀 수 있도록.

시스템의 위력

"지난 일 년 동안 단 한 번도 빠지지 않고 그룹에서 진행하는 시스템 교육과 미팅에 참가했습니다. 덕분에 저희 라인도 꽤 성장했고 제 직급도 많이 올라 그룹에서 돋보이는 라인이 됐습니다. 6개월 전부터 그룹에서 독립해 저희 라인 자체 미팅과 세미나도 진행했습니다. 그런데 그 이후부터 조직성장은 커녕 인원이 점점 줄어들고 소득도 계속 줄고 있습니다. 이러다가 지금까지 쌓아올린 모든 게 무너지는 것은 아닌 지 불안해서 잠을 이룰 수가 없습니다. 원장님 어떻게 해야 될까요?"

레크레이션 강사와 웃음치료 강사로 활발한 활동을 하던 소지훈 씨. 강사모임에서 만난 동료 강사로부터 네트워크마케팅을 소개받고 더욱 신나게 활동을 한 결과 단기간에 중간 리더가 되었고, 그룹 행사에서도 진행과 강의에 뛰어난 능력을 발휘하면서 승승장구하였다. 하지만 그룹에서 독립한 후 성과가 나지 않아 심한 고민에 빠졌다. 원인은 간단했다. 자신의 능력만 믿고 그룹에서 너무 빨리 독립한 것이 문제였다.

능력보다 시스템이다

대기업에 다니는 직장인을 부러워하고 선호하는 이유는 대기업의 안정성 때문이다. 그래서 대기업과 거래하는 업체들은 대기업의 각 부서 임직원들에게 깍듯이 예우를 표하면서 자연스럽게 甲과 乙의 관계를 유지한다. 그런데 그런 대기업 임직원들이 퇴사하고 독립을 하면 태도가 달라진다. 독립해서 나온 브랜드가 없는 임직원에게서는 아무런 보장이 없기 때문에 예전처럼 대하지 않는 것이다. 그래서 과거 대기업에 있던 임직원이 퇴사 후 독립해서 창업 후 성공하는 확률은 극히 미미하다.

이와 마찬가지로 네트워크마케팅에서도 비슷한 현상이 있다. 교육 시스템이 잘 갖춰진 그룹에서 활동하던 리더가 너무 일찍 독립해서 실패를 하게 되는 것이다. 충분히 성숙한 후 완벽한 시스템을 복제할 수 있을 때 독립을 하면 좋으련만 자신의 능력을 믿고 서두르다가 낭패를 보는 것이다. 이런 리더는 주로 똑똑하고 능력이 있는 사람들이다.

이들은 그룹시스템을 남보다 빨리 배우고 빨리 성장한다. 상위 리더들도 그 열정과 탁월한 능력을 인정하며 무대에 자주 세우고 그룹의 시스템에서 중요한 부문도 맡긴다. 이렇게 그룹에서 돋보이는 존재가 되면 더욱 우쭐하게 되고 어느 정도 지나면 욕심이 나게 된다. '나도 그룹을 충분히 이끌 수 있고 선배들보다 더 잘 할 수 있어'하는 생각에 그룹에서 독립을 선언하고 자체적으로 팀을 이끌기 시작한다.

처음에는 의욕이 넘쳐 신나게 일하지만 시간이 지날수록 파트너들의 호응이 예전 같지 않다는 것을 느낀다. 독립했기에 더 잘하려고 이것저것 더 화려하고 재미있고 알차게 하는 것 같지만 왠지 겉만 화려하고 속은 텅빈듯하다. 결국 파트너들은 과거의 다양하고 체계적이던 그룹시스템을 그리워하며 불만을 터뜨린다. 그리고 점점 사라진다.

제대로 된 그룹의 시스템에는 다양성이 있다. 선배 네트워커들의 다양한 경험과 노하우가 담겨있다. 각 지역의 다양한 문화와 정서가 담겨져 있다. 남녀노소 다양한 사람들의 체험사례와 성공과 실패의 경험담이 있다. 이런 다양성이 안전한 시스템이다. 이 시스템의 혜택은 온전히 각 라인의 초보자에게 돌아간다. 그들이 감동을 받고 동기부여를 받아 신나게 뛴다면 전체적으로 성장하는 것이고, 그 덕분에 리더들도 성장하는 것이다.

이렇듯 보이는 듯 보이지 않는 시스템의 위력 덕분에 리더가 되고 성장을 하는 것인데, 일부 리더들은 마치 자신의 능력 때문에 성공하는 것으로 착각하고 일찍 독립을 하는 실수를 저지르고 마는 것이다.

시스템을 복제하라

네트워크마케팅은 무점포 프랜차이즈 시스템이다. 즉 점포가 없지만 프랜차이즈와 같이 똑같은 시스템을 복제하는 비즈니스이다. 그래서 네트워크마케팅에서 성공하는 핵심은 시스템을 복제하는 것이다. 그 시스템에는 개인의 성장과 조직의 성장을 위한 다양한 교육과 문화가 담겨져 있다. 시스템도 수준이 있다. 그 수준을 제대로 이해를 하면 언제 독립을 해야 할 지도 알 수 있다.

첫 번째 수준은 초등학교 수준이다. 그룹의 리더가 혼자 북 치고 장구 치고 하는 단계이다. 리크루팅, 사업설명, 제품설명, 미팅과 행사 주최 및 진행을 한다. 거의 100% 리더의 개인기로 조직을 이끌어 간다. 마치 모든 과목을 골고루 다 알고 학생들을 지도하고 관리하는 초등학교 담임선생님과 같다. 장점은 일관된 시스템으로 파트너들을 빨리 복제시킬 수 있고 통솔력이 강해서 조직관리가 쉽다. 단점은 리더의 역량만큼만 조직을 성장시킬 수 있고 리더만 엄청 바쁘다.

두 번째 수준은 중·고등학교 수준이다. 시스템의 각 부문을 각 리더들에게 위임하는 단계이다. 국어·영어·수학·역사·과학·체육·음악·미술 등 각 과목별 전문교사들이 교육하는 것처럼 그룹시스템의 각 부문을 경험과 전문성이 있는 리더들에게 위임해서 교육한다. 장점은 다양한 교육으로 파트너들이 많은 지식과 간접경험을 쌓을 수 있다. 단점은 전문성이 없는 스폰서가 무시당할 수 있다. 마치 부모의 말보다 선생님을 더 따르게 되는 것과 같다.

세 번째 수준은 대학교 수준이다. 그룹시스템의 정체성을 확고히 하고 원칙과 기본을 지키며 인재양성을 하는 단계이다. 모든 교육 시스템을 표준화, 단순화, 체계화해 누구든지 쉽게 복제할 수 있도록 정해 리더나 초보자나 마음껏 배우고 빨리 성장할 수 있도록 한다. 장점은 소비회원, 부업자, 사업자, 리더 등 다양한 형태로 원하는 만큼 성장을 할 수 있고 셀프 리더를 빨리 만들 수 있다. 더불어 각 지역도 복제가 수월해 꾸준한 그룹의 성장을 이룰 수 있다.

이렇듯 시스템의 수준에 따라 성장의 차이가 달라진다. 자, 당신은 어느 수준에 있는가? 독립을 하고 싶다면 어느 수준까지 가야하는가? 당신의 생각이 당신과 조직의 미래가 될 것이다.

할 말만 하라

—— 66 ——

"2년 동안 오로지 앞만 보고 뛰어왔습니다. 동창회, 단체 모임에도 안 나가고 좋아하는 골프도 끊고 주말에도 미팅과 세미나에만 참가하며 파트너들과 함께 호흡했습니다. 그래서 올해부터 월 소득 1000만 원 정도의 안정적인 위치에 올랐는데 갑자기 지난달 행사 때 핵심 리더들이 빠지더니 이번 달 행사에는 50명 정도밖에 모이지 않았습니다. 원래 400명 정도 모여야 하는데. 알아봤더니 두 달 전 행사 때 제가 했던 말 때문에 리더들이 다들 사업을 그만 두겠다고 하는데 도저히 이해가 안 됩니다. 도대체 내가 무슨 말을 했기에…"

—— 99 ——

대기업 영업본부장 출신의 주인철 씨. 간경화로 고생하다 선배로부터 네트워크마케팅을 소개받고 건강을 회복하면서 비즈니스도 열심히 한 결과 2년 만에 최고 직급자가 되었다. 그런데 얼마 전부터 갑자기 조직이 무너지면서 고민에 빠져 필자를 찾아왔다. 필자가 따로 이것저것 알아보니 원인은 주인철 사장의 말이었다. 2년 동안 보이지 않았던 과거 영업본부장 시절의 명령과 지시하는 말투가 자연스럽게 나오며 파트너들이 힘들어 한 것이었다. 결국 말이 조직을 무너뜨린 것이다.

말로 성장하고 말로 무너진다

네트워크마케팅의 조직성장에 가장 중요한 핵심요인은 팀워크이다. 무슨 일이든 조직으로 구성돼 있는 집단에서의 성장에 팀워크가 중요한 것은 당연한 것이지만, 특히 인맥유통 구조로 이뤄진 네트워크마케팅에서는 더욱 중요하다. 게다가 경험과 지식이 다른 남녀노소의 다양한 사람들로 구성돼 있기 때문에 팀워크가 잘 이뤄지지 않으면 절대로 성공할 수 없는 것이다.

그런데 독특한 것은 네트워크마케팅에서의 팀워크는 대부분 '말(言)'로 구성돼 있다. 네트워크마케팅에 첫 발을 들일 때부터 말(정보)을 들었고 진행하면서 말을 듣고 전달하고 성공한 후에도 말을 하는 것이다. 그래서 말이 말 같으면 믿고 시작하는 것이고 말이 말 같지 않으면 안 하는 것이다. 마찬가지로 스폰서 말이 말 같으면 이해하고 따르고 말 같지 않으면 따르지 않게 된다.

그래서 스폰서가 파트너를 이끄는 것도 말에 의해서 진행된다. 아무래도 먼저 비즈니스를 시작하고 먼저 경험을 한 스폰서이기에 파트너에게 그런 경험과 지식을 전달하는 것이 자연스러운 현상일 것이다.

그러니 당연히 스폰서(리더)는 말을 잘 다뤄야 한다. 즉 말을 잘해야 한다. 그리고 말을 조심해야 한다. 말을 잘 활용해서 멋진 조직을 구성하는가 하면 말 때문에 조직이 순식간에 무너지기도 하기 때문이다. 그런데 안타까운 것은 시기, 질투하는 마음이 말로 표현돼 그것이 순식간에 퍼져 마치 세균이 퍼지듯 조직이 병드는 현상이 많다는 것이다. 멀쩡했던 사람도 감염이 돼 회복하지 못할 상태가 되기도 한다. 말 때문에 좋은 회사도 떠나게 되고 좋은 사이였던 사람과도 관계가 나빠지거나 헤어지게 된다.

그렇기 때문에 훌륭한 조직에는 사용하는 말이 뭔가 다르다. 긍정적인 말, 희망적인 말, 성공적인 말, 행복이 깃든 말들이 많이 사용되고 있다. 그래서 성공하고 싶다면 말을 잘 다루는 방법을 배우고 실천해야 한다. 필자가 30여 년간 네트워크마케팅 업계에서 교육을 하면서 가장 중요하고 소중하게 진행하고 있는 교육이 강사 훈련인데 바로 이런 이유 때문이다. 개인의 성공 뿐만이 아니라 조직의 성공을 위해서 필수적으로 배워야 하는 것이 말을 잘 다루는 방법이다.

말을 잘 다루는 방법

네트워크마케팅에서 성공하는 조직은 체계적이고 전문적인 교육 시스템이 잘 갖춰져 있다. 그런 교육 시스템의 모든 요소는 말로 구성돼 있다. 그리고 교육을 하는 리더와 강사는 그 교육을 모두 말로 전달하고 있다. 말을 잘 다루기 위해 배워야 하는 4가지 방법이 있는데 우선 첫째, 책을 많이 읽는다. 성공한 경영자나 최고 리더는 동서고금을 막론하고 인류의 역사와 함께 한 지혜가 가득 담긴 책을 많이 읽었다. 책 속에 표현된 지혜가 담긴 글이 결국 앞으로 사용하게 되는 말이 될 것이다. 책을 읽을 때는 중요한 부분을 줄을 치거나 따로 노트에 정리해 놓는다. 그런 내용을 미팅이나 교육할 때 적절하게 사용하면 말이 생생하게 살아서 감동을 주는 역할을 할 것이다.

둘째, 경청(傾聽) 한다. 많이 들을수록 상대방의 마음을 깊게 이해할 수 있고 상대방이 필요로 하는 것을 알 수 있다. 그런 다음 상대방에게 필요한 말을 한다면 상대방과 원활한 소통을 할 수 있다. 혹시 상대방이 말하는 것이 잘 이해가 안 된다면 역지사지(易地思之), 즉 상대방의 입장에서 생각한다. 대부분의 갈등은 상대방의 입장을 이해하지 못하고 자기의 입장만 내세우면서 일어나기 때문이다. 그래서 경청은 인내와 노력이 필요하다.

셋째, 할 말만 한다. 그러려면 말을 적게 하면 된다. 주로 타인과 갈등이 많은 사람들의 특징은 말을 많이 하는 것이다. 그것은 상대방의 얘기를 듣지 않거나 중요하게 여기지 않고 자기의 말만 하기 때문이다. 또한 자기의 주장이나 생각이 옳다고 우기고 상대방이 승복할 때까지 집요하게 말하기 때문이다. 그래도 잘 안되면 목소리까지 높이며 큰 소리로 상대방을 제압한다. 결국 소통이 안 되니 갈등이 생기는 것이다. 할 말만 한다면 문제가 발생하지 않는다. 또한 오해나 갈등의 요소가 만들어지지 않는다.

넷째, 변명을 하지 않는다. 사람이 하는 일이 완벽할 수는 없다. 상황에 따라서 올바른 판단이나 행동도 상황이 바뀌어 잘못된 결과를 만들 수도 있는 것이다. 그로 인해 상대방이 오해나 피해를 받을 수도 있기 때문에 결과에 대해서 승복하고 '미안합니다', '죄송합니다'라는 표현으로 먼저 사과를 하는 것이 좋다. 그러면 상대방의 마음은 순간적으로 안정이 되고 변명이나 해명할 시간을 줄 수도 있고 화를 좀 참을 수도 있다. 그 후에 다시 소통을 하는 기회가 오는 것이다. '말 한마디로 천 냥 빚을 갚는다'는 격언이 이래서 나온 것이다.

　네트워크마케팅은 말이 성공과 실패를 가름하는 중요한 요소이다. 말을 잘 하는 방법, 말을 올바로 하는 방법을 제대로 배워서 좋은 말하는 습관을 형성한다면 좋은 조직을 만들 수 있고 좋은 문화를 형성할 수 있다. 성공하고 싶다면 '할 말만 하라!'

팀을 복제하라

——— 66 ———

"저에게는 실력이 좋은 스폰서들이 많이 있는데도 저보다 늦게 시작해서 벌써 탑 리더가 된 형제 라인의 김 사장과는 비교가 안 될 정도로 저희 팀은 초라합니다. 저희 팀도 그 누구보다 열심히 활동을 해왔다고 자부하는데, 도대체 무엇이 문제인지 알 수가 없습니다. 너무 답답하고 막막해서 원장님을 찾아왔습니다. 제발 해답을 찾아주십시오."

——— 99 ———

대기업 비서실에서 10여 년간 일하다가 퇴직 후 유기농 빵가게를 3년 정도 운영하던 중 단골고객으로부터 네트워크마케팅을 소개받고 빵가게를 정리하고 전업으로 뛰어들었던 정종현 씨. 그 후 2년 동안 열심히 일했지만 성과가 나오지 않자, 깊은 고민에 빠져 있다가 필자를 찾아왔다. 필자가 2주 정도 정종현 사장팀을 지켜보니 역시 큰 문제가 보였다. 그것은 바로 팀을 복제하지 않은 것이었다. 즉, 실력 좋은 스폰서들만 믿고 파트너들을 셀프 리더로 만들지 못한 것이다.

팀의 성장과 정체

네트워크마케팅에서 성공시스템이 잘 갖춰진 조직일수록 성장의 속도가 빠르다. 그것은 성공시스템을 가르치고 진행하는 사람들이 대부분 그 성공시스템을 만든 리더이거나 그 시스템대로 행동해서 결과를 만든 성공자들이기 때문이다. 단순한 원리도 자신들이 이룬 성과를 접목해서 전달을 하기 때문에 초보 네트워커에게는 그 어떤 말보다도 귀하게 들리게 된다. 그리고 당연히 그 내용대로 따라하게 된다.

그런데 일정한 기간이 지나면 잘나가던 조직도 정체돼 더 이상 성장하지 않는 상태가 된다. 분명 회사는 더 좋은 환경을 만들어 주고 제품도 더 많아지면서 좋아지고, 보상플랜도 과거와는 달리 더 좋은 조건으로 수정되거나 다른 방법으로 네트워커들에게 혜택을 주는 데도 이상하리만치 성장하지 않고 정체된 상태에서 몇 년간 빠져나가지 못하고 있는 것이다. 대부분의 회사와 조직이 비슷한 현상을 겪는다.

여기에는 간단한 원인이 있다. 열매만을 강조하며 비즈니스를 하기 때문이다. 즉 씨앗을 뿌리기 전 토지에 대한 이해, 씨앗을 뿌린 후 거름을 주고 땅을 관리하는 것, 씨앗이 나올 때 온도와 적절한 물을 주는 것, 줄기가 올라갈 때 병충해나 바람을 막아주는 것, 열매가 맺힐 때까지 기다리는 것 등 등 열매를 얻기 전까지 과정에서 필요한 많은 수고와 노력, 시간에 대한 구체적인 교육과 정보를 소홀히 한 탓이다.

성공한 결과가 없이 처음에 시작할 때는 모두가 순수한 마음과 열정으로 모든 것들을 소중히 여기고 배우며 하나하나 실천하면서 성장을 했다. 매번 올라갈 때마다 성취감과 감격스런 기쁨을 함께 나누며 비즈니스에 대한 믿음과 확신이 생겼던 것이다. 이때는 한 사람, 한 사람이다 소중하고 귀한 존재들이었다. 그래서 서로 울고 웃는 시간이 많았었기에 따뜻한 인간애와 사랑, 용서, 배려하는 마음까지도 배울 수 있었다.

이때가 바로 팀이 구성되고 팀워크가 가장 좋은 시기이다. 팀의 구성원이 8~12명 정도일 때가 서로의 성공을 위해 봉사와 헌신도 아끼지 않은 최고의 시기인 것이다. 이 시기를 잊지 말아야한다. 아니 이 시기에 배우고 나눴던 모든 것들을 계속 복제해 나가야 한다. 그런데 팀 구성원이 100명 이상이 되면서부터 그런 정서와 문화, 인간애보다도 팀 성장과 결과를 추구하면서 그것들이 묻혀 버린다. 심지어 500~1000명 단위로 그룹이 커지면 대부분 결과 중심의 교육과 세미나, 팀미팅이 이뤄지기 때문에 예전의 정서는 거의 찾기 어렵다.

팀 복제의 위력

조직이 커질수록 팀 단위의 활동을 적극 권장해야 한다. 그렇지 않으면 네트워커가 아니라 판매원을 양성하거나 선동꾼을 양성하는 꼴이 된다. 팀 단위 활동을 강화시켜 셀프 리더를 많이 만든다면 그 조직은 끊임없이 성장과 발전을 반복할 것이다. 그렇게 하기 위해서는 몇 가지 실천해야 할 것이 있다.

첫째, 사업자, 부업자 팀원이 8~12명 정도가 되면 팀장을 선정하고 팀명을 만든다. 최소 인원 8명 정도로 팀을 구성하고 그 팀을 이끄는 팀장과 부팀장, 그 팀의 색깔과 목적에 어울리는 팀명을 정한다. 앞으로 모든 미팅과 교육, 비즈니스에 팀 단위로 움직이고 성과를 이뤄 내는 것을 규칙으로 한다.

둘째, 팀원들의 개인 신상 및 비즈니스에 대한 모든 것을 팀원들 모두 공유한다. 마치 가족과 같은 정서와 문화를 만드는 것이다. 팀원의 생일, 부모의 생일이나 기일, 가족들의 애경사 등을 기록하여 기념일에 축하 파티를 함께 나눈다. 소소한 사랑과 애정을 서로 나누며 사랑과 행복이 넘치는 팀을 만든다.

셋째, 회사의 프로모션, 시스템 교육 등에 팀별로 참가해 성과를 이룰 수 있도록 적극 권장한다. 회사의 다양한 프로모션은 팀워크를 더욱 견고히 하고 친목을 도모하는 가장 좋은 기회이다. 예를 들어 회사에서 해외여행 프로모션을 발표했다면, 팀미팅을 통해 모든 팀원들이 함께 여행을 갈 수 있는 전략을 세워 프로모션 기간 동안 불타는 열정을 발휘하게 하는 것이다.

교육에 참가하는 것도 마찬가지이다. 예를 들어 회사나 그룹에서 진행하는 리더십 전문가 과정이 있다면, 팀원 전체가 함께 참여해서 함께 배우고 실천하면서 팀워크를 더욱 견고하게 만드는 것이다. 또는 여건에 따라 2~3명이 먼저 배우고, 그 다음 기수에 2~3명씩 참가해서 결국 팀원 모두가 그 교육에 대한 가치와 노하우를 공유하는 방법도 좋다.

네트워크마케팅의 매력은 복제이다. 개인의 복제를 통해 생각과 행동을 바꿀 수 있고, 팀의 복제를 통해 리더십과 인성을 배울 수 있다. 작은 팀 단위의 복제는 가족과 같은 끈끈하고 강력한 사랑이 담겨지기 때문에 네트워크마케팅을 행복하게 진행할 수 있다. 이것이 모든 네트워커들이 꿈꾸는 삶이 아닐까? 진정으로 행복한 네트워커가 되고 싶다면, 팀을 복제하라!

비대면 교육의 시스템 전달

"최근 회원가입 하신 분들 대부분이 제품의 효과를 체험하신 소비자들이라 팀에서 진행하는 온라인 교육인 웨비나(웹+세미나)와 줌 미팅 등을 통해 소통하고 있습니다. 그런데 주의사항을 매번 강조해도 잘 지켜지지 않아요. 심지어 어떤 분들은 리더들이 초보자들을 너무 불편하게 하고 사소한 것까지 간섭을 한다며 불만을 터뜨리기도 합니다. 그 초보회원(소비자)의 스폰서는 요즘 한 명의 회원을 가입시키는 것도 아쉬울 때라 그 초보회원 편을 들면서 상위 리더와의 갈등까지 생기고 있어요. 이런 문제들 때문에 예전보다 조직관리가 더 어려워졌습니다. 원장님, 어떻게 하는 것이 좋을까요?"

중고생 대상 온라인 교육회사에서 8년간 역사과목을 강의했던 명현경 씨. 성대결절로 고생하다가 동료 강사의 권유로 제품을 섭취, 효과를 본 후 네트워크마케팅에 매력을 느껴 퇴사 후 전업으로 네트워크마케팅을 시작해서 3년 만에 억대 연봉자 클럽에 들었다. 그런데 최근 코로나 여파로 비대면 교육이 활성화된 후 심각한 고민에 빠졌다. 처음에는 과거 해왔던 온라인 교육이라 날개를 단 듯 했는데, 학생들을 가르칠 때와는 너무나 다른 반응에 스트레스를 받게 된 것이다.

"명 사장님, 네트워크마케팅에서 스폰서의 모든 잔소리는 파트너와 갈등을 불러일으키는 요인이 됩니다. 그러니 리더들과 논의를 해서 스폰서들의 모든 잔소리(?)를 모아 자료를 만들어 교육 전후로 공지하거나 배포해서 알려주세요. 그것이 바로 매뉴얼이자 팀의 시스템이 될 것입니다. 초보자가 지켜야 하는 규칙을 미리 반복적으로 알려주어 행동하게 하는 것입니다."

대면 교육의 시스템 효과

네트워크마케팅에서 성공한 네트워커들이 가장 강조를 많이 하는 것이 '시스템'이다. 시스템이란 단어에는 많은 의미와 가치가 있지만, 쉽게 표현하면 '성공의 법칙'이다. 즉 성공을 하려면 선배들의 경험과 지식으로 만들어 놓은 성공의 법칙대로 따라하면 된다는 것이다. 그 시스템에는 '하라고 하는 것'과 '하지 말라고 하는 것'들이 구체적으로 정리가 되어 있다.

일반 회사나 단체에서도 지켜야 할 법칙과 규칙이 있고 그런 것을 매뉴얼이라고도 한다. 그래서 초보 사원이나 회원들은 그 매뉴얼을 배우고 그 매뉴얼대로 행동을 해야 한다. 물론 그 매뉴얼에 벗어난 행동을 하거나 문제를 일으키면 상응하는 제재나 벌을 받게 된다. 그렇게 해야 조직이 원활하게 운영될 수 있다.

그런데 안타깝게도 네트워크마케팅에는 그런 강제 조항이 없다. 방문

판매(다단계) 관련 법이나 회사의 규정에서 벗어나는 것을 제외한 일반적인 네트워크마케팅 조직 내에서 일어나는 수많은 일들에 대한 규칙은 강제성을 띠지 않기 때문에 지키지 않아도 벌칙을 적용할 수 없는 것이다. 오로지 그룹 내에서 진행하는 시스템 교육이라는 것에서 '성공하려면 이렇게 하라, 저렇게 하라'는 식의 선도 교육 또는 의식 교육으로 권유할 뿐이다.

그래서 성공한 회사나 그룹에서는 강력한 시스템 교육을 통해 초보 네트워커들의 의식을 변화시켜서 그런 규칙을 잘 지키도록 해왔다. 선배 네트워커들 역시 시스템대로 솔선수범하며 후배들에게 좋은 길잡이가 되어 주었다. 이것이 가능할 수 있는 것은 바로 대면 교육이기 때문이다. 보고 듣고 배워서 행동으로 옮길 수 있는 환경이기에 가능했던 것이다.

비대면 교육의 시스템

코로나 19로 인해 직접판매 업계는 비대면 교육과 미팅이 생활화가 되었다. 온라인을 통한 여러 가지 소통의 도구와 기능들이 예전보다 더 많이 사용되고 있는 것이다. 그런데 최근 필자가 비대면 교육과 미팅을 하는 팀이나 그룹을 살펴보면, 주로 정보전달(회사, 제품, 보상플랜, 비전) 위주로 진행하는 것을 볼 수 있었다. 대면 교육에서 큰 역할을 했던 '리더의 성공스토리 스피치'와 같은 감동적인 내용을 거의 찾아볼 수 없었다.

사실 그런 성공스피치에서 빠지지 않는 것이 '어떻게 성공했나?'에 대한 해답인데, 그 해답엔 대부분 성공시스템, 즉 성공하려면 '해야 할 것'

과 '하지 말아야 할 것'이 생생한 경험담에 담겨져 있다. 그래서 그 스피치를 듣는 초보 네트워커는 자연스럽게 성공시스템을 배우고 실천할 수 있었던 것이다.

그래서 비대면 교육에서 주최자나 진행자가 사회를 보면서 청취자(주로 초보자)에게 주의사항이나 지켜야 할 것을 잔소리처럼 할 것이 아니라, 모범적으로 성장하고 있는 리더들의 성공스토리 스피치 시간을 많이 만들어 자연스럽게 복제가 되도록 하는 것이 좋다. 대면 교육에서의 강력한 효과와 영향력을 연상하면서 비슷한 환경과 조건을 만드는 것이다.

첫째, 팀이나 그룹에서 모범적인 리더들이 머리를 맞대고 규칙(해야 할 것, 하지 말아야 할 것)을 정해서 자료로 만든다.

둘째, 정기적인 리더 성공스토리 스피치 시간을 만들어 진행한다. 진행 시 위 첫 번째 내용들을 스토리에 담아 생생한 경험담과 함께 전달한다. 스피치 하는 모든 리더들이 공통적으로 전달한다. 단계적으로 사업설명회, 제품설명회에서도 강사(리더)가 규칙을 부드럽고 자연스럽게 전달하도록 한다.

초보 네트워커나 소비자들에게 가장 강력하게 전달되는 내용은, 체험사례나 성공사례와 같이 생생한 경험담이다. 그러니 그들에게 지켜야 할 것(시스템)을 체험사례나 성공사례에 담아 전달하는 것이 가장 효과적이다. 비대면 교육에서 정보전달보다 더 신경 써야할 것은 감동전달을 통한 의식변화이다.

썩은 가지는 잘라내야 한다

"지난 일 년 동안 모든 것을 참아 왔는데, 이제는 도저히 참을 수가 없어요. 이제 그 분의 목소리만 들어도 이젠 소름이 끼칠 정도입니다. 연세가 많아 제겐 어머니뻘이고, 사회적 지위도 높은 분이라 늘 제가 챙겨드리는 입장이었는데, 한마디로 슈퍼 갑질을 하시는 겁니다. 주위의 모든 사람들을 아랫사람 다루듯이 하는데, 그 누구도 충고를 하거나 맞서지를 못하고 있습니다. 이러다간 제 조직 모두가 하나둘씩 떠날 것 같은데 원장님, 어떻게 해야 하나요? 제발 좋은 방법을 알려주세요."

가정주부로 편히 지내다가 아들의 미국 유학비에 보탬을 하려고 집 근처 상가에 작은 옷가게를 열어 사랑방처럼 잘 운영하던 최현명 씨. 단골고객으로부터 네트워크마케팅을 소개받고 열심히 한 결과 2년 만에 대기업 임원인 남편의 월급과 비슷할 정도의 소득을 얻게 되었다. 그런데 핵심 파트너인 박 사장의 횡포(?)에 가까운 비즈니스 방법 때문에 깊은 고민에 빠졌다. 어머니뻘이라 어른 대우를 해주면서 지내왔지만 폭언과 시기, 질투, 이간질 등으로 파트너들과의 갈등이 끊임없이 이어졌고, 그로 인해 떠나는 사람들이 늘어나 조직의 미래가 불안해진 것이었다.

"최 사장님, 네트워크마케팅은 팀워크가 생명입니다. 그리고 팀워크의 핵심은 인간관계입니다. 좋은 인간관계를 유지해야 하는 것도 쉽지 않은데, 점점 인간관계가 나빠진다면 실패를 위해 열심히 달려가는 것과 다를 바 없습니다. 썩은 가지는 잘라내야 남아 있는 가지들이 살 수 있고, 새로운 생명도 태어날 수 있습니다. 리더의 역할은 공과 사를 구별하고 전체를 위한 냉철한 판단과 행동을 아끼지 않아야 합니다. 명심하십시오."

썩은 가지가 자라면 나무와 열매도 썩는다

네트워크마케팅에서 실패한 네트워커들 대부분은 안타깝게도 자신들이 왜 실패를 했는지 잘 모른다. 일반적으로 회사 경영자의 경험 부족이나 정책의 문제, 경쟁력 없는 제품 때문이라고 여긴다. 또는 보상플랜이 약하니 공격적으로 바꿔야 한다고 외치곤 한다. 틀린 말은 아니다. 대한민국 네트워크마케팅 30여 년의 역사에 등장했다가 사라진 회사가 2천여 개(공제조합에 등록했던 합법적인 회사만)이고 현재 존재하는 회사가 100여 개 정도 되니 생존율은 5% 정도 밖에 되지 않는다. 그만큼 부실한 회사가 많았다는 증거이다.

하지만 회사가 사라졌다고 해도 네트워커는 다른 회사로 옮겨 다시 살아날 수 있다. 그래서 몇 군데 회사를 경험하면서 시행착오를 겪은 네트워커는 성공하는 지름길이 '인간관계', 즉 팀워크에 있다는 것을 뼈저리게 느끼게 된다. 그래서 인간관계를 잘 이끌어 가면서 조직을 성장시키는 '시스템'이라는 것을 만들어 목숨 걸고 지키려 애를 쓴다. 그 시스템에는 스폰서와 파트너들이 지켜야할 것들이 있다.

그런데 시스템을 무시하거나 머리로만 이해하고 실천하지 않는 네트워커들로 인해 오히려 조직은 성장하지 못하고 무너지기도 한다. 그들은 주로 '말'로 인간관계와 일을 망친다. 그 말이 코로나처럼 바이러스가 되어 사람들에게 전염되면서 조직이 점점 썩어가는 것이다. 역시 전염되는 과정에 변이가 되어 악성 바이러스로 변하곤 한다. 그러면 회복할 수 없는 인간관계로 되어버려 결국 조직을 무너뜨리고 마는 것이다.

부정적인 말을 주로 하는 사람, 남 험담을 늘 하는 사람, 앞에서 한 말과 뒤에서 하는 말이 다른 사람, 스폰서에게 제품이나 사람 후원을 요구하는 사람, 파트너를 부하직원 다루듯 부려먹는 사람, 사회적 지위를 내세워 스폰서에게 훈계나 충고를 하는 사람, 사람 사이를 이간질 하는 사람 등 인성이 나쁜 사람은 썩은 가지가 되어 나무와 열매도 썩게 할 것이다.

썩은 가지를 잘라내야 새로운 가지가 자란다

인기 있는 영화나 드라마를 보면 주로 주인공이 악당(?)에 의해서 엄청난 고난을 겪는 내용이 나온다. 악당이 나쁜 일을 많이 하거나 악랄할수록 주인공이 위기를 극복하는 과정이 시청자들의 호응을 얻어 큰 인기를 얻는다. 이처럼 세상의 모든 일들은 고난을 극복할수록 열매가 달다. 그런데 네트워크마케팅은 그렇게까지 할 필요가 없는 일이다. 오히려 남을 도와주고, 성장시킬수록 성공하는 일이다.

그래서 남을 힘들게 하는 것보다 남을 즐겁게, 기쁘게 해주려는 노력을 기울이면 된다. 특히 다운라인으로 들어온 파트너에게 지금까지 살아온 것보다 더 의미 있고 가치 있는 인생을 살아갈 수 있도록 좋은 구상과 방법을 늘 생각해야 한다. 멀리서 찾을 필요 없다. 이미 회사나 선배 네트워커(리더)들이 만들어놓은 시스템에 다 있으니 마음껏 배우고 즐기기만 하면 된다.

하지만 그럼에도 불구하고 그 안에서도 썩은 가지처럼 나쁜 바이러스를 퍼뜨리는 사람이 있다. 웬만큼 영향력이 적다면 별문제 없지만, 그것이 크다면 정말 심각한 문제가 될 수 있다. 저수지의 커다란 둑이 개미구멍 하나 때문에 어느 한순간 무너져버리는 것처럼 '시간이 지나면 괜찮겠지' 또는 '저러다 말겠지' 했다가는 돌이킬 수 없는 상황이 될 것이기 때문이다. 이럴 때는 냉철한 판단과 과감한 행동을 해야 한다. 즉 썩은 가지를 잘라내야 한다.

네트워크마케팅 회사에서도 회사의 정책이나 이미지에 큰 손상을 입힌 네트워커는 설령 그 회사의 탑 리더라고 하더라도 전체 조직을 위해 과감하게 정리를 한다. 몸에 생긴 암을 초기에 치료하지 않으면 나중에 목숨을 잃는 것처럼, 조직에 생긴 암도 커지기 전에 잘라내야 한다. 그러면 그 자리에 새로운 살이 돋아날 것이다. 그것도 싱싱한 새살이. 이런 일도 역시 위대한 네트워커, 지혜로운 리더가 되는 과정이다.

보는 것과 믿는 것

"파트너들 중 제 말을 믿고 따르는 사람들은 열 명 중에 한 두 명이고, 나머지 대부분 파트너들은 결과가 나온 걸 보고 나서야 그때부터 움직입니다. 아니 어차피 할 거라면 제가 처음 말했을 때부터 믿고 하면 빨리 성공할 수 있는데…. 정말 답답해요. 형제 라인은 리더가 말하면 곧바로 일사불란하게 움직여서 늘 저희 라인보다 결과가 좋고 성공자도 많이 탄생되고 있습니다. 그때마다 너무 속상해요. 제가 모르는 것도 아니고, 늦게 안 것도 아닌데, 파트너들이 함께 행동했으면 저희들이 훨씬 앞서갈 텐데…. 원장님, 어떻게 하면 저희들도 일사불란하게 움직일 수 있을까요?"

평범한 주부생활을 하다가 코로나 여파로 남편이 운영하던 음악교습소가 문을 닫자 어쩔 수 없이 생활비를 벌기위해 지인의 식당에서 일을 하던 윤수현 씨. 식당 주인의 권유로 네트워크마케팅을 부업으로 했다가 소득이 많아지자 아예 전업으로 뛰어들어 2년 만에 고소득자가 되었다. 하지만 몇 달째 이어지는 비즈니스의 정체로 불안한 마음과 답답한 심정으로 필자를 찾아왔다.

팀워크나 리더십을 체크하기 위해 윤수현 사장이 진행하는 미팅과 세미나에 참석해보니 역시 큰 문제가 존재하고 있었다. "윤 사장님, 아마추어는 보는 만큼 믿고, 프로는 믿는 만큼 볼 수 있습니다. 윤 사장님이 진행하는 미팅과 세미나는 거의 프로 수준의 말과 내용입니다. 프로인 윤 사장님과 몇몇 리더들 외에는 공감대가 잘 형성되지 않으니 선뜻 행동하지 못하는 것입니다. 윤 사장님은 앞으로 아마추어 기준으로 말과 내용을 구성해서 미팅을 진행하시면 좋겠습니다."

보는 만큼 믿는다

네트워크마케팅은 문턱이 낮다. 미성년자, 공무원, 학생, 범법자가 아니라면 남녀노소 누구든지 회원이 될 수 있고, 비즈니스(부업, 사업)를 할 수 있기 때문이다. 그래서 쉽기도 하지만, 비즈니스를 전달하는 네트워커 입장에서는 어렵기도 하다. 누구의 기준과 수준에 맞춰야할 지 딱 정해져 있지 않기 때문이다. 특히 사업설명회 내용이 그렇다. 아무리 강사가 강의를 잘하더라도 그 날, 그 시간에 초대된 고객이 어떤 수준(경험, 지식, 환경, 여건)인가에 따라 받아들이는 것이 다르게 나타난다.

결국 공감대가 얼마나 잘 형성되느냐에 따라 성과가 다르게 나타나는 것이다. 공감대 형성은 현실적인 눈높이가 가장 큰 역할을 한다. 즉 설명하는 사람이 상대방(고객 또는 파트너) 입장에서 충분히 현실적으로 느낄 수 있는 내용으로 전달하는 것이 중요한 것이다. 상대방이 현실적으로 느낄 수 있는 좋은 방법은 모든 내용을 시각화 시키는 것이다. 현실적인 내용은 이미 존재하고 있는 것이기 때문에, 그것을 시각화해서 상대방에게 보여줄 수 있다.

예를 들어, 다이어트를 하는 좋은 방법이 있고, 자신도 다이어트를 해서 건강해졌다고 애를 써서 장황하게 설명하는 것보다 과거의 뚱뚱했던 사진과 현재 다이어트로 날씬해진 사진을 상대방에게 보여주기만 하면 된다. 또 네트워크마케팅을 만나기 전 힘들었던 과거와 현재 성공한 상황을 말로 하는 것보다 과거 초라했던 삶에 대한 사진과 현재 성공한 삶에서 보여줄 수 있는 사진(저택, 고급차, 여행 등)을 보여주는 것이다.

이렇듯 네트워커가 고객이든 파트너이든 상대방에게 정보를 전달하고자 할 때, 말보다 시각적인 자료를 보여주게 되면 공감대가 빨리 형성된다. 그리고 그렇게 된 이유나 방법을 궁금해 할 테니, 그 다음 단계에서 구체적인 방법이나 원리, 이론을 말해주면 훨씬 이해를 쉽게 한다. 그렇게 된다면, 당연히 일의 진행도 빨라지고, 팀워크나 리더십도 함께 성장하는 시너지 효과도 얻게 된다. 결국 상대방을 설득하려고 애쓰는 것보다 공감대가 형성될 수 있는 시각화 자료를 준비하는 것이 훨씬 일을 쉽게 할 수 있는 것이다. 보는 만큼 믿으니까.

믿는 만큼 보인다

초보 네트워커 위치에서 벗어나 고소득자인 리더가 되면 쉽게 빠지는 함정이 있다. 그것은 상대방(고객, 파트너)과의 공감대 형성 능력이 현저하게 떨어진다는 것이다. 초보 네트워커 때 눈으로만 볼 수 있었던 세상에서 벗어나 리더가 되니 새로운 세상이 보이기 시작하고 그 기준으로 상대방에게 말하기 때문이다. 즉 우물 안 개구리에서 벗어나 넓은 세상을 보면서 우물 안에 있는 후배 개구리들에게 바깥세상을 말하는 것과 같은 것이다.

물론 바깥 세상에 나온 개구리에게는 지금 보고 느끼는 것이 현실이라 그것을 그대로 전달하는 것이 당연한 것이지만, 우물 안 개구리들에게는 보이지 않는 미래에 대한 정보로 밖에 이해되지 않는다. 그래서 리더는 자신이 보고 느낀 것을 상대방이 생생하게 보고 느끼는 것처럼 상상하게 하고 공감을 해서 믿을 수 있도록 하는 노력과 정성을 기울여야 한다. 그 방법은 매우 단순하고 쉽다. 결과에 대한 말(정보)보다 과정에 대한 말(정보)을 많이 하면 된다.

대부분 리더들의 말(정보)은 결과론적인 것이 많다. 이미 그 결과를 만들었고, 그것이 당연한 것이기 때문에 미팅이나 세미나 또는 프로모션 도전할 때 '꼭 해야만 한다'는 식으로 말(정보)을 한다.

그것보다는 과거 초보자 때의 자신의 상황과 여건, 과정 등에 관한 스토리 또는 자료를 보여주며 말하는 것이 훨씬 좋다. 즉 상대방(고객, 파트너)의 현재의 상황과 여건 등과 비슷했던 자신의 과거를 말하거나 보여주고, 그 상황, 여건에서 어떻게 생각했고, 판단했고, 결정했고, 도전했고, 어떤 과정을 통해서 지금의 결과를 만들었는지에 대한 말(정보)을 구체적으로 전달하는 것이다. 그것이 현재 초보 네트워커들과 공감대가 빨리 형성됨과 동시에 그들이 앞으로 어떤 판단과 행동을 해야 할지 본보기가 되면서 동기부여도 되는 것이다.

피드백의 위력

"지난번 말씀해 주신대로 했더라면 이렇게까지 되지는 않았을 텐데 정말 면목이 없습니다. 그때는 저희 그룹의 형편과 상황도 그렇고 리더들 중 반대하는 분도 있어서 어쩔 수 없이 그대로 진행을 했던 것인데 이런 비참한 결과가 나올 줄 몰랐습니다. 원장님, 제발 다시 한 번만 도와주십시오. 이제부터는 절대로 피드백(조언)을 소홀히 하지 않겠습니다."

현모양처로 반평생을 평범한 주부로 살다가 자녀들이 결혼해서 분가한 후 공무원으로 정년퇴직한 남편의 연금으로 둘이 오붓하게 살고 있던 명지혜 씨. 가끔 경치 좋은 지방으로 여행을 다니며 편안한 노후생활을 즐기며 살고 있다가 몇 년 전 여행지에서 만난 사람의 소개로 건강식품을 체험한 후 탁월한 효과에 반해 네트워크마케팅을 시작하게 되었다. 난생 처음 경험한 비즈니스라 아무것도 몰라 스폰서나 그룹에서 하라는 대로 한 결과 일 년 반 만에 탑 리더가 되었고, 그룹도 독립하여 그룹장이 되었다. 그룹의 시스템 구축을 위해 필자에게 도움을 청해서 몇 개월 동안 교육과 행사를 주최하고 진행했는데, 필자의 피드백과 조언을 소홀히 한 결과가 매우 실망스럽게 되어 버렸다.

소 잃고 외양간 고치기

네트워크마케팅에서 탑 리더가 된 후 계속 성장하는 리더가 있고, 성장하지 못하고 멈춘 리더가 있다. 그리고 거꾸로 조직이 점점 무너져 실패하는 리더가 있다. 이 세 부류의 리더의 차이는 '솔선수범'과 '겸손'에 있다. 성장하는 리더는 초보 네트워커 때의 초심을 잃지 않고 한결같은 모습으로 파트너들에게 본보기가 되어 솔선수범하며 배움을 소홀히 하지 않는다. 반면 성장이 멈추거나 실패하는 리더는 개구리가 올챙이 시절을 잊은 것처럼 초심을 잃고 탑 리더의 권위와 혜택만 누린다.

이런 모습은 조직(그룹)에서도 볼 수 있다. 필자가 오랫동안 해왔던 일이 주로 네트워크마케팅 아마추어 팀을 조직화, 전문화, 체계화시켜 명문 그룹으로 성장시키는 것이다 보니 리더십에 따른 조직(그룹)의 미래를 예측할 수 있는 눈이 생겼다. 그래서 그 눈으로 조직(그룹)의 리더에게 조언을 해주는데, 역시 솔선수범하고 겸손함을 갖춘 리더는 그 조언을 곧바로 실천해서 더 나은 결과를 만들고, 그렇지 않은 리더는 나중에 후회를 하며 다시 찾아와 도움을 요청하곤 한다.

안타깝지만 네트워크마케팅에서 실패한 조직은 다시 회복하기는 불가능하다. 대한민국 네트워크마케팅 역사상 철수했던 글로벌 회사가 다시 오픈해서 성공한 예가 없었고, 실패했던 국내의 유명한 회사가 몇 번이나 재도전했지만 역시 그때마다 또 실패했다. 마찬가지로 신뢰를 한

번 크게 잃어버린 탑 리더는 아무리 애를 써도 예전의 조직(그룹)의 형태를 만들지는 못했다. 그저 자신과 비슷한 무리(?)들과 '그 나물에 그 밥'의 모습으로 여기저기 떠돌며 화려했던 과거를 떠들고 다닐 뿐.

네트워크마케팅에서 '소 잃고 외양간 고치는' 회사 경영자와 조직의 리더들이 적지 않게 있다. 그들은 주로 현재 눈에 보이는 것이 영원하리라는 착각으로 살고 있다. 경험과 지혜가 풍부한 주위의 전문가나 언론인, 리더들의 피드백 또는 조언을 귀담아 듣지 않고, '이 정도면 괜찮아', '꼭 그렇게까지 할 필요가 있을까?', '우리는 그럴 리 없어'라는 안이한 생각으로 미래에 대한 준비나 전략을 세우지 않는다. 결국 소를 잃고 난 후에야 부랴부랴 더 많은 돈과 땀을 들여 외양간을 고치지만 떠나간 소는 다시는 돌아오지 않는다.

피드백으로 성장하기

소를 잃지 않고 오히려 소가 더 늘어나서 더 많은 외양간이 만들어질 수 있도록 하는 비결은 피드백(feedback)에 있다. 피드백은 생명력이 있어서 살아 움직인다. 목표를 설정하고 실천하는 과정 중간마다 피드백을 받은 사람과 그렇지 못한 사람의 결과는 완전히 다르다. 피드백을 받은 사람이나 조직은 중간에 생기는 장애와 문제점을 극복하며 해결하면서 진행하기 때문에 결과가 좋을 수밖에 없다.

조직의 큰 행사(세미나)는 더 구체적인 피드백이 필요하다. 각 라인별 리더의 경험과 생각, 여건과 이득관계 등이 어우러져 탑 리더가 아무리 좋은 전략과 방법을 세워도 그들의 다른 의견, 불평, 불만이 나오기 때문이다. 이때 충분한 피드백을 통해 행사를 진행해야 하고 그 과정의

추진력은 과감하고 빠르게 해야 한다. 당연히 결과는 좋을 수밖에 없고, 그 다음의 행사도 기대를 갖게 할 수 있다.

반면 충분한 피드백을 거치지 않고 행사가 진행된다면 대부분 결과가 좋지 않게 나온다. 대부분 이런 경우는, 행사를 진행하는 탑 리더가 솔선수범하지 않거나 중간 리더에게 위임 후 중간에 피드백 없이 진행하기 때문이다. '알아서 잘 하겠지', '행사가 뭐 특별한가, 분위기 띄우고 비전 팍팍 주면 되는 거지', '강사들이 워낙 강의를 잘하는데 뭐가 걱정이야' 하는 것이다. 결과에 대해 불평, 불만이 터져 나오면 그때야 '이럴 줄 몰랐다'며 변명하거나 남의 탓으로 돌린다.

세계적인 운동선수일수록 겸손하다. 그들은 늘 코치나 감독으로부터의 피드백과 조언을 받으며 그 자리를 지키고 있다.

성공한 네트워커들도 역시 똑같다. 그들은 늘 자기계발과 피드백을 통해 자신의 성공을 유지하면서 솔선수범하며 파트너들을 성공시킨다. 피드백은 성공을 유지시켜주는 가장 유능한 코치이다.

조직을 경영하라

"3년간 전국을 뛰어다니며 평범한 파트너들을 리더로 성공시켰는데, 그들은 아직도 저를 찾고 있습니다. 그 지역에 제가 가면 매출이 오르고 승급자도 나오지만, 한동안 가지 않으면 매출이 떨어지고 승급자도 안 나오고…. 매년 반복되는 이런 일을 언제까지 해야 하는지 참으로 답답합니다. 제가 배우고 알고 있는 네트워크마케팅과 지금의 현실은 좀 다른 것 같아요. 어느 정도 성공한 리더들은 왜 스스로 알아서 조직을 관리하지 못하는 걸까요? 제가 하는 것을 옆에서 다 지켜봤을 텐데…. 원장님, 리더들이 저처럼 열정적으로 스스로 일하게 하려면 어떻게 해야 하는지 가르쳐 주십시오."

국내 유명백화점에서 여성 의류 브랜드 매장을 20년 정도 운영하며 여유로운 삶을 누리다가 코로나 여파로 매출이 급락한 후 회복될 기미가 보이지 않아 어쩔 수 없이 매장을 정리하고 다른 일을 찾던 최미래 씨. 어느 날 단골고객으로부터 네트워크마케팅을 소개받고 큰 비전을 느껴 전업으로 시작한 후 의류매장을 운영할 때 VIP 고객을 관리했던 노하우를 최대한 활용하여 열심히 활동한 결과 1년 만에 탑 리더가 되었다. 그런데 파트너들 중 리더가 되었어도 자신의 열정을 따라오는 사람이 없다며 필자를 찾아와 하소연했다.

긴 대화를 통해 최미래 사장의 조직관리 방법에 많은 문제가 있다는 것을 알게 되었다. "최 사장님, 리더들이 직급자가 되었다고 모두가 최 사장님처럼 리더십을 발휘할 수 있는 것은 아닙니다. 그들은 경험과 지식, 환경이 모두가 다른 상태에서 시작했기 때문에 어느 정도 성장할 수 있는 기준과 방법을 제공하고 실력을 발휘할 수 있는 기회를 만들어 줘야 합니다. 그리고 완성이 될 때까지 지켜보아야 합니다."

조직을 관리하는 것

네트워크마케팅에서 유독 남보다 빨리 승급하는 사람들이 있다. 남들이 일 년 정도 걸려야 승급할 수 있는 중간 직급 레벨에 3~6개월 만에 승급한다. 심지어 시작한 지 1개월 만에 승급하는 사람도 있다. 그런 흐름으로 남들이 3~5년 걸려야 오를까 말까 한 최고 직급자 레벨에 빠르면 6개월에서 일 년 만에 오른다. 평범한 사람들에게는 상상도 못 하는 일이다. 그런데 알고 보면 그들은 네트워크마케팅을 시작하기 전에 이미 대부분 인맥이 형성되었던 사람들이다. 또한 사람들과의 관계를 잘 관리하는 능력이 있는 사람들이다.

영업의 프로, 장사의 프로, 사업의 프로, 비즈니스의 프로, 교육의 프로, 고객관리의 프로 등이다. 그들이 잘하는 것은 바로 '고객관리', '조직관리'이다. 이것이 바로 '약(藥)'이 되지만, '독(毒)'이 될 수도 있다. 고객관리와 조직관리를 잘하는 것은 아무나 할 수 있는 일이 아니고, 고객에게 이득이 될 수 있는 것이 무엇인지 잘 아는 능력자(?)들만이 할 수 있는 것이다. 즉 영업, 장사, 사업, 비즈니스를 잘했던 사람들은 고객의 관점에서 고객이 원하는 것, 고객이 편리한 것, 고객이 좋아하는 것, 고객에게 이득이 돌아갈 수 있는 것 등에 대한 것을 고민하고, 방법을 찾고, 해결을 하면서 결국 고객관리의 프로가 되었기 때문이다.

그런 노하우와 실력으로 네트워크마케팅을 시작했으니 빠르게 승급하고 좋은 결과와 고소득자가 되는 것은 당연한 것이다. 하지만 '거기까지'이다. 대부분 그런 리더들은 그 이후 심한 매출의 정체, 승급의 정체, 소득의 정체가 일어난다. 심지어 정체가 길어지면 그런 능력자들조차 네트워크마케팅을 그만두기까지 한다. 더 이상 미래가 보장되지 않기 때문이다. 그 이유는 단 하나 바로 '복제'를 못했기 때문이다. 조직을 성장시키려면 조직관리가 아닌 조직경영을 해야 하는데 그것을 배울 기회도 없이 최고 직급자가 되어버린 것이다.

조직을 경영하는 것

탑 리더들이 배워야 할 것은 조직관리가 아니고 복제를 할 수 있는 조직경영이다. 조직경영을 잘하기 위해서는 반드시 해야 할 세 가지 일이 있다. 첫째, 동기부여와 비전을 제시할 때 생생한 자신의 경험담을 전달한다. 초보 때부터 최고 직급에 도달할 때까지 겪었던 수많은 현장의 경험을 정리해서 전달한다. 실패했던 경험담도 꼭 함께 전달한다. 그래야 초보 네트워커들이 현장에서 자신들이 현재 겪고 있는 어려움을 이겨낼 수 있는 '저렇다면, 나도 할 수 있겠네'라는 자신감을 얻을 수 있으니.

둘째, 성공한 시스템을 학습하고 정리해서 자신(그룹)의 시스템으로 만든다. 세상의 수많은 성공의 원리와 성공 방법이 있지만, 특히 네트워크마케팅 업계에서 세계적으로 입증된 성공의 원리와 시스템을 배운다. 성공한 백만장자 네트워커, 전문가들이 쓴 책, CD, 동영상, 자료 등을 학습하면서 자신이 실전에서 경험한 모든 것을 접목하여 표준화, 단순화, 체계화시켜 시스템을 만든다. 이것은 많은 시간과 노력이 필요하지만, 복제를 위한 가장 중요하고도 소중한 일이니, 인내심을 가지고, 완성해야 한다.

셋째, 이렇게 만들어진 시스템을 파트너들 중 모범적인 리더를 선정해 시스템의 롤—모델이자 강사(코치)로 양성하여 그들이 시스템을 전달하게 한다. 대부분 탑 리더가 가장 힘들어하고 못 하는 것이 바로 이 셋째다. 왜냐하면 자신이 직접 나서서 이끌고 싶기 때문이다.

하지만 자신을 비우지 않으면 절대 안 된다. 조직경영(복제)의 꽃은 중간 리더들이 시스템의 주인공이 되게 하는 것이다. 그들이 시스템의 롤—모델이 되어 성공하고 그들처럼 모든 조직이 복제할 수 있게 한다면, 당신은 네트워크마케팅의 진정한 프로가 되는 것이다.

늦은 때란 없다

"이런 원리와 방법을 비즈니스를 시작할 때 제대로 알았더라면 지금까지 고생도 안 하고 소중한 파트너들을 잃지도 않았을 텐데…. 요즘 파트너들이 저렇게 행복해하면서 즐겁게 일하는 모습을 보면 지난 2년 동안 주먹구구식으로 했던 일들이 생생하게 떠올라 후회막심한 생각과 떠나간 파트너들에게 미안한 생각이 들어 자꾸 눈물이 납니다. 제가 원장님께 배운 대로 제대로 성공해서 그 파트너들을 꼭 다시 모실 겁니다. 원장님을 만난 것은 제 인생에서 최고의 행운이고 축복입니다. 이 은혜 꼭 갚겠습니다."

대학에서 유아교육과를 전공하고 졸업 후 유아원과 유치원에 학습교구를 공급하면서 여유롭게 지내던 공지해 씨. 갑자기 닥친 코로나 팬데믹으로 매출이 거의 없는 상태에서 1년을 버티다가 결국 15년간 운영했던 사무실을 정리해야 했고, 스트레스로 우울증까지 앓게 되었다. 거래처 유치원 교사로부터 네트워크마케팅을 소개받고 제품을 섭취 후 우울증이 개선되었고, 사업도 권유받아 열심히 한 결과 1년 3개월 만에 억대 연봉의 직급자가 되었다.

하지만 그 후 6개월 동안 그룹에서 이탈하는 파트너들이 점점 늘어나면서 매출과 소득은 반토막이 되었고, 미래에 대한 불확실함으로 고민하다가 네트워크마케팅을 그만두고 다른 일을 찾아보려고 했다. 마지막으로 가게 된 유럽 리더십 여행에서 비행기 옆 좌석에 앉았던 타 그룹의 리더로부터 필자의 교육에 대한 얘기를 듣고 귀국 후 필자를 찾아와 상담하고 남아있는 파트너들과 6개월간 교육을 받은 결과 큰 성장을 이룬 것이다.

"공 사장님, 네트워크마케팅을 처음부터 잘 알고 시작하는 사람은 거의 없습니다. 성공한 모든 리더는 많은 시행착오를 거치고 그 자리에 오른 것이지요. 단, 그들은 그 이후 파트너들이 자기와 같은 시행착오를 거치지 않게 하려고 더 배우고 노력하고 있는 것입니다. 그렇지 못한 리더들은 그 자리를 지킬 수가 없습니다. 공 사장님의 지금 생각이 변치 않으시길 바랍니다."

아는 것과 깨닫는 것

초보 네트워커 시기에는 보이지 않았던 많은 것들이 리더가 되면 하나씩 보이기 시작한다. 마치 높은 산을 오르는 것과 같은 현상이다. 즉 산에 오르기 전에 멀리서 보면 정상이 한눈에 보이고 그 정상에 오를 수 있는 높이를 대충 어림잡아 시간을 짐작한 후 오르게 되는데, 오르다 보면 미처 예상치 않았던 계곡이나 울퉁불퉁한 길, 높고 낮은 각종 봉우리를 만나게 되면 생각과 태도가 달라지게 된다.

그래서 어떤 이는 '이럴 줄 알았으면 올라오지 않았지'하고, 또 다른 이는 '왜 이렇게 멀고 높은 거야? 도대체 언제까지 가야 해?'하며 투덜거리면서 올라가고, 또 어떤 이는 '누가 여기가 좋다고 했어? 힘들어 죽겠구만. 난 그냥 다시 내려갈래!'라며 남을 원망하면서 중간에 포기하고, 또 다른 이는 '어허, 생각보다 쉽지 않구먼. 근데 재미있는데? 계곡도 깊고, 신기한 나무도 많고, 이름 모를 꽃들도 많고. 이거 제대로 등산하는군.' 하면서 등산을 즐긴다.

산에 오르기 전에 아는 것은 눈에 보이는 것이 전부이고 대부분 사람들이 산에 오르지 않아도 아는 정도의 지식이지만, 산에 직접 오르면서 알게 되는 것은 체험을 한 사람만이 알게 되는 새로운 정보이다. 이것이 바로 깨닫는 것이고, 그렇게 깨달은 정보는 진정한 자신의 지식이 된다.

그러니 정상까지 제대로 올라간 사람이 깨달은 지식은 보통 사람들의 단순한 지식과는 많이 다를 수밖에 없다. 그 지식은 곧바로 삶에 적용되어 삶의 태도에 영향을 끼치면서 결국 한 사람의 인생을 좌우하게 되는 것이다. 네트워크마케팅도 역시 일반적인 지식보다 직접 체험하고 경험하면서 깨닫는 지식이 더 많다. 그 깨달음의 정도에 따라 성공의 크기도 달라진다.

늦었다고 생각할 때가 가장 빠른 때

네트워크마케팅에서 남들이 부러워하는 위치(직급)에 오른 리더들에게도 고민이 있는데, 그 고민의 대부분은 자신이 겪었던 시행착오로 인해 중간에 포기하거나 현재 힘겹게 일하고 있는 파트너들을 보면서

'어떻게 하면 중간에 포기하지 않고 나와 함께 평생 함께 갈 수 있을까?'하는 것이다. 그러다가 필자가 진행하는 시스템 교육과 같은 환경을 만나면 기뻐하면서도 한편으로는 아쉬움이 가득한 마음으로 넋두리를 한다. "이런 교육을 파트너들과 처음부터 배웠다면 얼마나 좋았을까요? 제 부족함 때문에 이런 기회를 주지 못해 떠난 파트너들에게 너무 미안한 생각이 들어요. 죄인이 된 기분입니다. 제가 너무 늦게 깨달았어요."

늦은 때란 없다. 늦었다고 생각할 때가 가장 빠른 때인 것이다. 평생을 늦었다는 것을 깨닫지도 못하고 목숨이 다했을 때 후회 가득한 마음으로 눈을 감는 사람들이 대부분이다. 그나마 자신이 늦게 알았음을 깨닫고 그때부터 새로운 마음으로 새로운 인생을 살려고 노력하는 것이 얼마나 다행인가? 그때부터가 진짜 의미 있고, 가치 있는 인생을 사는 것이다. 건강하다고 자부하던 사람이 건강을 잃은 후 건강의 의미와 가치를 깨닫고 새로운 마음으로 건강하게 살아간다면 그 사람의 인생은 진정 건강한 삶으로 바뀌는 것이고, 큰 부자가 하루아침에 돈을 다 잃은 후 돈의 가치를 새롭게 느껴서 열심히 돈을 벌어 다시 부자가 되었다면 그 사람은 진정한 부자의 삶을 살 게 될 것이다.

그래서 필자는 네트워커들이 쉽고 빠르게 성공하는 것을 그리 좋은 모습으로 보지 않는다. 진정한 성공의 의미와 가치를 느끼며 성공한 리더라면 파트너들 한 사람 한 사람을 소중하고 귀한 존재로 여기고 함께 성장하려 할 텐데, 그렇지 못한 것을 많이 봤기 때문이다. 오히려 많은 시행착오를 거치며 고생을 통해 성공한 리더가 지혜롭고 올바른 방향으로 파트너와 함께 행복한 동행을 하는 것이 더 멋지고 아름답게 보인다.
늦은 때란 없다. 깨달았을 때가 가장 빠른 때이다.

악마의 속삭임, 천사의 충고

"제가 이런 사람인 줄은 꿈에도 몰랐습니다. 그동안 파트너들이 얼마나 힘들었을까 하는 생각을 하면 너무나 가슴이 아프고 미안해서 쥐구멍으로라도 숨고 싶은 심정입니다. 지난 몇 년간 꽤 괜찮았던 파트너들이 제 곁을 떠날 때마다 '왜 이렇게 좋은 기회와 환경인데도 그 가치를 모르고 떠나느냐? 여기에서도 성공 못하는데 다른 데서 성공할 수 있겠느냐?'며 싫은 소리까지 했으니 그들 마음에 얼마나 큰 상처가 남았을지…. 저는 제 안에 있는 천사보다 악마와 더 친하게 지냈던 것 같습니다."

농부의 아들로 태어나 평생 농사를 짓던 부모님을 도와 일하느라 중학교까지만 다니고 농사를 짓던 중 지역 재개발로 논밭을 팔고 도시로 나왔지만 막노동일밖에 할 게 없어서 검정고시로 고졸 자격을 취득한 후 중소기업에 입사해서 20년 근무로 이사까지 오른 마석태 씨. 학력 콤플렉스를 극복하고자 대학교 최고경영자과정에 다니던 중 동문으로부터 소개받은 네트워크마케팅의 매력에 빠져 퇴사하고 전업으로 집중한 결과 2년 만에 탑 리더의 위치에 오르며 억대 연봉자가 되었다. 하지만 시간이 지날수록 떠나는 파트너들이 많아지면서 1년 만에 소득은 반토막이 되어 고민에 빠졌다. 타 그룹 리더의 소개로 필자의 교육에 참여한 후 그동안 몰랐던 시스템의 위력을 느끼며 땅을 치고 후회를 했다.

"마 사장님, 성공자일수록 자신 안에 있는 천사의 충고에 귀를 더 기울이고, 실패자일수록 악마의 속삭임에 귀를 더 기울입니다. 앞으로 천사의 충고에 마음을 더 집중하세요."

악마의 속삭임

인간은 태어나서 죽을 때까지 쉬지 않고 '선택(choice)'을 한다. 일상생활에서는 아침에 눈을 뜨는 순간부터 선택을 한다. '일어날까 말까?', '1분만 더 잘까 말까?'에서부터 하루의 일과가 시작된다. 이렇듯 인간은 모든 순간마다 선택을 하며 살아간다. 그리고 그 선택에 의해 미래가 만들어진다. 빠른 선택, 늦은 선택에 따라서 다른 미래가 만들어지고 바른 선택, 나쁜 선택에 따라서 역시 다른 미래가 만들어지는 것이다.

그래서 선택에 의해 성공자와 실패자도 만들어진다. 너무나 뻔한 말이지만 성공적인 선택을 하면 성공자가 되고, 실패적인 선택을 하면 실패자가 되는 것이다. 실패한 대부분의 사람들은 자신 안에 존재하고 있는 실패하는 지름길을 잘 안내하는 악마의 달콤한 유혹에 넘어간 사람들이다. 반면 성공한 대부분의 사람들은 자신 안에 존재하는 성공하는 지름길을 잘 안내하는 천사의 따끔한 충고를 잘 들은 사람들이다.

인간은 이 세상에 태어난 후 성장하면서 마음속에 자신과 똑같은 천사와 악마도 함께 성장시킨다. 우리가 깨닫고 배우고 익힌 모든 경험과 지식을 천사와 악마도 똑같이 지니게 된다. 그리고 그 두 존재는 인간이 뭔가를 선택할 때마다 인간의 귀에다 속삭이며 자기의 영역으로 끌어들인다. 천사는 긍정적인 영역으로 악마는 부정적인 영역으로.

실패한 네트워커들은 악마의 속삭임에 넘어간 사람들이다. 악마가 좋아하는 인간의 선택하기 전 생각은, '하기 싫다', '아니야', '다음에', '아직은', '누군가 하겠지', '난 못해', '그냥 이대로', '귀찮아' 등 등 부정적인 것들이다. 이때 악마는 '그래 하지마', '안해도 돼', '나중에 하지 뭐', '그냥 쉬자' 등의 편하고 쉬운 쪽으로 달콤한 유혹을 한다. 마치 다이어트를 결심한 첫 날 가장 친한 친구가 맛있는 식당에 데리고 가서 '오늘까지만 먹고, 내일부터 다이어트하면 되지 뭐, 괜찮아 먹어!'하고 유혹하는 것과 같다.

악마의 속삭이는 유혹에 넘어가는 횟수가 많아질수록 인간의 마음속에 부정적인 영역이 점점 커지게 되고 그것은 결국 습관으로 형성된다. 그 이후 선택을 할 때마다 자신도 모르게 무의식적으로 익숙해진 부정적인 생각과 판단으로 선택을 하게 되니 늘 실패하게 되는 것이다. 이때는 이미 천사의 충고가 불편하게 들리고, 악마의 속삭임이 편하게 들리는 상황이 되어 마치 말기암 환자처럼 돌이킬 수 없는 지경이 되어 버린다.

천사의 충고

성공한 네트워커들은 성공하기 전까지 많은 불편함을 견디고 감수해 낸 사람들이다. 그들에게도 마음속에 늘 악마가 존재하고 있었지만, 선택을 할 때마다 천사의 충고를 따른 것이다. 악마가 달콤하게 속삭일 틈을 주지 않았기에 마음속에 부정적인 영역은 거의 없고, 긍정적인 영역이 점점 커지면서 결국 그것이 습관으로 형성되어 늘 긍정적인 선택의 반복으로 성공을 이루어 낸 것이다.

악마의 속삭임보다 천사의 충고를 받아 성공하려면, 첫째, 가치 있는 목표를 설정하고 매일 종이에 쓴다. 인생의 방향이 뚜렷하면 악마의 유혹에 잘 넘어가지 않는다. 즉 사소한 고민이나 장애물에 신경 쓰지 않게 된다. 모든 선택을 할 때마다 가치 있는 목표에 도움이 되는 것인지 아닌지만 비교하면 되기에 시간과 노력을 낭비하지 않게 되는 것이다. 마음속의 천사는 늘 그 방향을 향해 안내할 것이다.

둘째, 즉시 실천한다. '할까 말까 할 때 해라!', '갈까 말까 할 때 가라!' 이런 상황은 언제나 우리에게 만들어 진다. 그럴 때마다 악마는 '하지 마', '가지 마'하며 불편하고 귀찮은 것을 피하라고 속삭인다. 하지만 천사는 '어차피 할 거면 지금 해', '어차피 갈 거면 지금 가'라고 불편하고 귀찮지만 그것을 하라고 떠민다. 결국 해보면, 가보면 남들보다 먼저 이루어 내는 것이다. '즉시 실천(do it now)!'은 천사의 가장 강력한 충고이다.

셋째, 독서와 경청을 즐긴다. 올바른 선택의 가장 좋은 참고서는 책과 성공한 사람들의 지혜이다. 성공에 관련된 책을 매일 5~15분 읽는다. 독서습관은 천사와 친해지는 지름길이고 천사의 충고가 편해질 수 있는 가장 쉬운 방법이다. 그리고 성공한 스폰서와 리더, 전문가들과의 만남을 자주 만들어 그들의 풍부한 지식과 지혜를 배운다. 짧은 질문과 긴 경청이 필수다. 이때마다 천사가 당신에게 분명히 충고할 것이다. 말하지 말고 경청하라고.

스폰서, 파트너

❝

남녀노소, 경험, 지식, 환경, 성격, 가치관 등이 각각 다른 사람들이
모이는 네트워크마케팅에서 성공의 승패를 가르는 가장 큰 요소는
바로 스폰서와 파트너간의 관계이다.
네트워크마케팅에서 성공의 핵심은 바로 인간관계이며, 누구를
만나느냐가 미래를 결정한다. 또한 자신이 타인에게 어떤 존재가
되고 있는지도 생각해 봐야한다.
네트워크마케팅에서 성공한 백만장자들이 대부분 부자가 되어서
행복하다는 말보다는 사람들과의 인간관계를 통해 새로운 삶을 살게
되어서 더 행복하다는 말을 한다. 진정한 성공자는 인간관계에서
성공한 사람이다.
스폰서와 파트너는 비즈니스의 동반자이자 서로의 스승이며
은인이다.

스폰서의 가치

"비즈니스를 시작한 시기는 스폰서와 일주일 정도 밖에 차이가 나지 않아요. 처음부터 함께 고생하고 성장했기 때문에 경험과 지식도 비슷하고 그 누구보다도 서로의 입장을 잘 알고 있습니다. 그런데 몇 년이 지난 지금은 일하는 스타일이 너무 달라요. 어떤 때는 도저히 이해가 되지 않을 정도입니다. 스폰서가 얘기하는 것이 머리로는 이해가 되는 데 현실의 상황에 맞지 않는 부분이 많아 부딪히는 일이 빈번합니다. 스폰서와 따로 비즈니스를 할 까 고민하고 있습니다."

모은선 씨는 몇 년 전 친자매처럼 지내던 사촌 언니로부터 부업으로 네트워크마케팅을 하자는 권유를 받고 곧바로 회원이 되어 비즈니스를 시작했다.

몇 년간 아무 문제없이 꾸준히 성장을 해오던 어느 날부터 모은선 사장에게 불만이 쌓이기 시작했다.

자초지종을 들어보니 스폰서의 입장과 파트너의 입장에서 보는 관점의 차이에서 비롯된 갈등이었다.

"모은선 사장님 지금부터 스폰서의 입장에서 생각해 보십시오. 스폰서인 사촌언니의 말이 맞다는 것을 머리로 이해하면서도 현실 상황에 맞지 않다고 여기는 것은 모은선 사장님의 입장과 모은선 사장님 파트너들의 현재 상황을 기준으로만 생각해서 그렇습니다. 또 스폰서와 일주일 정도 밖에 차이가 나지 않는다는 생각에서도 벗어나야 합니다.

이미 스폰서는 최고 직급자가 되었고, 많은 리더를 이끄는 입장이기에 모은선 사장님의 생각보다 더 큰 생각을 할 것입니다."

파트너가 변한다

네트워크마케팅은 비즈니스가 진행되는 시기에 따라 많은 것이 달라진다. 우선 초기에는 제품의 효과와 사업의 비전에 관심이 집중된다. 그래서 초보 네트워커들은 자신보다 경험과 지식이 풍부한 리더들의 노하우에 많이 의존한다. 즉 스폰서의 모든 것을 배우려하고 스폰서의 말이 마치 법처럼 느껴지기도 하는 시기이다.

이 시기엔 특별히 스폰서와 갈등이 생길 이유가 없다. 초보 네트워커가 아무리 화려한 과거를 가지고 있다고 해도 네트워크마케팅 초보자로서 그저 배우고 따르는 데 집중할 뿐이다.

초보 네트워커가 고객을 초청했을 경우에도 스폰서를 소개하고 스폰서의 스피치를 함께 듣는 것만으로도 감사하고 기쁜 일이 된다.

또한 스폰서가 결정하는 것에 대해 특별히 문제를 삼지도 않는다. 혹시 이해가 잘 안되더라도 '경험이 많은 스폰서니까 우리가 모르는 뭔가 있겠지'하면서 일단은 순종을 하며 따른다. 그러다가 결과가 좋으면 '역시 스폰서는 달라'라며 엄지손가락을 치켜세운다.

혹시 결과가 좋지 않아도 '스폰서의 생각은 맞는데 우리가 제대로 호응을 못해서 이렇게 된거야'하면서 오히려 적극적으로 따르지 못한 것에 대한 반성을 한다.

그만큼 초기에는 스폰서에 대한 존경심과 절대적인 신뢰감을 갖고 있다는 것이다.

그런데 그런 시기를 지나 자신에게도 적지 않은 조직이 생기면서 그런 존경심과 신뢰감이 변하기 시작한다. 파트너에게서 나오는 말이나 행동에 더 신경을 쓰고 귀를 기울이게 되기 때문이다. 심지어 파트너들이 불편하게 생각하는 부분에 동조해서 스폰서에게 불만이나 불편함을 표현하기도 한다.

그동안 스폰서와 함께 생각하고 행동했던 자리에서 파트너의 자리로 이동한 것이다. 어떻게 보면 당연한 현상이기도 하다.

스폰서는 변하지 않는다

스폰서는 소신이 있어야 한다. 여기에서 강조하는 소신이란, 그동안 배우고 익힌 그룹의 시스템의 원칙과 기본과 같은 생각인 것이다. 즉 개인적인 자존심이나 고집이 아니라 수많은 성공자들의 노하우와 원칙이 녹아있는 시스템의 중심이다. 그래서 다양한 경험과 지식, 환경이 다른 고객과 파트너들의 생각과 행동에 눈높이로 맞추기는 하지만 성공으로 이르는 방법은 시스템에 의한 것이기에 스폰서는 변하면 안 된다.

네트워크비즈니스는 합리적인 마케팅이다. 하지만 사람들이 모인 조직이기에 가장 비합리적으로 진행될 수도 있는 마케팅이기도 하다. 그래서 누구든지 이해하고, 배우고, 따라할 수 있는 합리적인 매뉴얼이 있어야 한다.

그래서 표준화 되고, 단순화 되고, 체계화 된 조직의 습관, 즉 시스템이 제대로 구축되어야 한다. 또한 그 시스템에 딱 어울리는 스폰서가 모델이 되어 조직을 이끌어야 한다. 스폰서는 매뉴얼이 되어야 하고, 변하지 않아야 한다. 그룹에 참여한 초보자가 성공할 때까지.

스폰서는 종교 지도자와 흡사하다. 종교 지도자는 자신의 생각, 경험, 지식보다도 이미 오래전부터 정리되어 온 매뉴얼(시스템) 즉, 성경, 불경 등을 전달하는 사람이다. 그 매뉴얼에 의한 삶을 살고, 그 매뉴얼대로 살 수 있는 방법을 사람들에게 알려주고 있다.

그가 매뉴얼에서 벗어나서 자신의 생각과 지식을 전달하는 순간 사이비 교주가 된다. 네트워크비즈니스의 스폰서도 똑같다. 시스템대로 비즈니스를 하고, 시스템의 복제를 위해서 노력해야 한다. 시스템을 벗어난 생각과 행동을 하는 순간, 조직은 무너지게 된다. 이것이 바로 스폰서의 가치이다.

먼 거리 파트너 후원하기

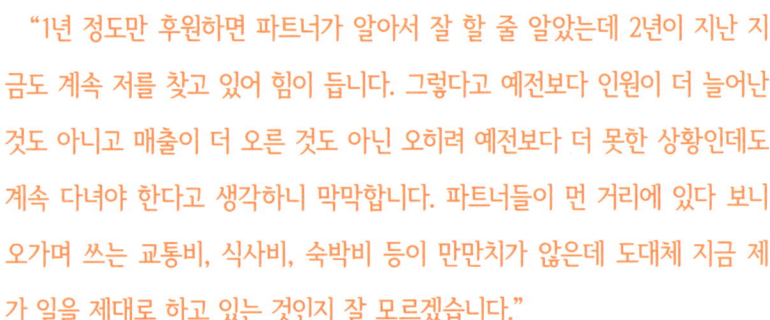

"1년 정도만 후원하면 파트너가 알아서 잘 할 줄 알았는데 2년이 지난 지금도 계속 저를 찾고 있어 힘이 듭니다. 그렇다고 예전보다 인원이 더 늘어난 것도 아니고 매출이 더 오른 것도 아닌 오히려 예전보다 더 못한 상황인데도 계속 다녀야 한다고 생각하니 막막합니다. 파트너들이 먼 거리에 있다 보니 오가며 쓰는 교통비, 식사비, 숙박비 등이 만만치가 않은데 도대체 지금 제가 일을 제대로 하고 있는 것인지 잘 모르겠습니다."

열정을 유지하라

초보 네트워커들이 가장 신경을 써야할 요소 중 하나가 열정을 유지하는 것이다. 즉 네트워크비즈니스를 시작했을 때의 설레임과 자신감이 떨어지지 않도록 하는 것이다.

초보 네트워커들의 열정을 떨어뜨리는 것 중 가장 강력한 것은 가까운 사람들의 냉담한 반응이다. 가족, 친척, 친구 등과 같이 오랫동안 깊은 관계를 유지해 왔던 사람들에게서 외면을 당거나 부정적인 얘기를 듣는 순간 마음의 상처를 받게 되면서 열정이 떨어지는 것이다.

그뿐만이 아니라 그들에 대한 생각도 바뀌게 된다. 평소 누구보다 믿었던 사람이고 다른 사람은 몰라도 그들만큼은 한 번 정도 자신의 얘기를 진지하게 들어줄 것이라 여겼던 대상이기에 거절을 하거나 부정적인 이야기로 반대를 한다면 그 사람들이 정말 자신에게 소중한 사람들이었는지 의심하게 되는 것이다.

이런 요인은 스폰서의 따뜻한 격려와 칭찬으로 어느 정도는 극복할 수 있다. 이미 수많은 선배 네트워커들이 대부분 겪어온 일이고 그것을 극복했기에 성공한 네트워커가 되었다는 것을 제대로 알려주면 되기 때문이다.

그 다음으로 열정을 떨어뜨리는 요인은 투자한 시간과 노력에 비해 결과가 제대로 나오지 않을 때이다. 처음에는 일이 쉬울 것이라고 여기고 빨리 성공도 할 수 있을 것이라고 생각했는데 시간이 지날수록 어렵다고 느껴지고 결과가 나오지 않으면 점점 자신감이 떨어지게 된다. 그중 가장 두드러진 것이 먼 거리에 있는 파트너를 후원하다가 힘이 빠지는 것이다. 초기에는 일의 특성상 소득이 별로 없는 상황인데 먼 거리에 있는 파트너를 후원하기 위해 오가다 보면 쓰는 경비가 부담이 될 정도로 많아지는 경우가 있다.

처음엔 그래도 그런 파트너가 있다는 것과 그 파트너로 인해 다른 소비회원이나 파트너가 생긴다는 즐거움에 어느 정도는 감수하는데 시간이 지날수록 결과가 생각보다 나오지 않으면 점점 불안해지고 먼 거리로 후원하는 것에 대한 두려움이 생기기 시작한다. 그렇게 시간이 흐르다 보면 오가는 횟수가 줄어들다가 서로 부담을 느껴 흐지부지 되다가 결국 교류가 끊어지기도 한다.

아예 처음부터 제대로 하는 것이 좋다. 쉽지는 않겠지만 허망한 결과보다는 훨씬 가치가 있는 일이니 도전해볼 만하다. 즉 열정을 유지하면서 결과를 만들어가는 방법으로 승부를 거는 것이다.

먼 거리 파트너를 육성하라

먼 거리에 있는 사람을 처음 알게 되었을 때 찾아가는 것은 당연한 것이다. 방문해서 당신이 비전을 느낀 회사에 대한 자랑, 효과를 체험한 탁월한 제품에 대한 자랑을 하고 긍정적인 반응이 나오면 회원 가입과 제품을 이용할 수 있도록 도와준다. 그 후 먼 거리에 있는 파트너는 셀프 리더가 될 수 있도록 육성한다.

육성하는 방법은 첫째, 일주일에 한 번 그룹의 중심 비즈니스센터로 오게 한다. 그가 제주도에 있든지 부산이나 목포에 있든지 아무리 먼 지역에 있는 사람이라고 해도 무조건 초기에 1~2개월 동안에는 정기적으로 오게 한다. 이것은 그 사람에게 비즈니스에 대한 가치와 크기를 보여주고 느끼게 하는 중요한 시기이기 때문이다. 또한 파트너가 빨리 훌륭한 리더가 되기를 바란다면 찾아다니며 도와주는 것보다 파트너가 스스로 움직일 수 있는 셀프 리더가 될 수 있게 도와주는 것이 더 현명하다.

두 번째, 그렇게 해서 셀프 리더가 된 파트너를 그 지역의 스타가 되도록 도와준다. 우선 중앙 비즈니스센터에서 스피치나 강의를 할 수 있는 시간을 만들어 열정과 자신감을 키워준다. 그러기 위해서는 만날 때마다 개인적으로 스피치 훈련을 시킨다. 그리고 틈만 나면 무대에 세워 스피치를 할 수 있는 기회를 준다. 제품을 체험한 사례도 좋고 회사를 만나 인생이 변화된 내용을 발표하는 것도 좋다.

그 후 당신이 파트너를 후원하러 갔을 때 가능하면 초대된 고객들에게 파트너가 설명하는 시간이 많도록 프로그램을 구성한다. 그리고 초대되는 인원이 15~20명 이상이 되면 파트너 지역에서 세미나를 열어 파트너가 모든 것을 다 준비하고 진행할 수 있도록 도와준다.

약 일 년 내로 이렇게 파트너를 제대로 후원하고 육성하면 그 후에는 먼 거리 후원하는 것이 재미있게 된다. 그리고 결과도 분명 달라진다. 같은 방법으로 계속 진행하면 파트너는 하나의 큰 그룹으로 성장하게 되니까.

이것이 바로 먼 거리 파트너를 후원하는 방법이다. 후원하는 것을 당신이 찾아가서 초대된 고객에게 설명하고 설득하는 것으로 착각하지 마라. 진정한 후원은 고기를 잡아다 주는 것이 아니라 고기 잡는 방법을 알려주는 것이다. 그 방법은 파트너를 셀프 리더로 육성해 그 파트너가 주인공이 되게 하는 것이다. 그 지역의 주인공은 바로 당신이 아닌 그 파트너이다.

존경하는 스폰서님

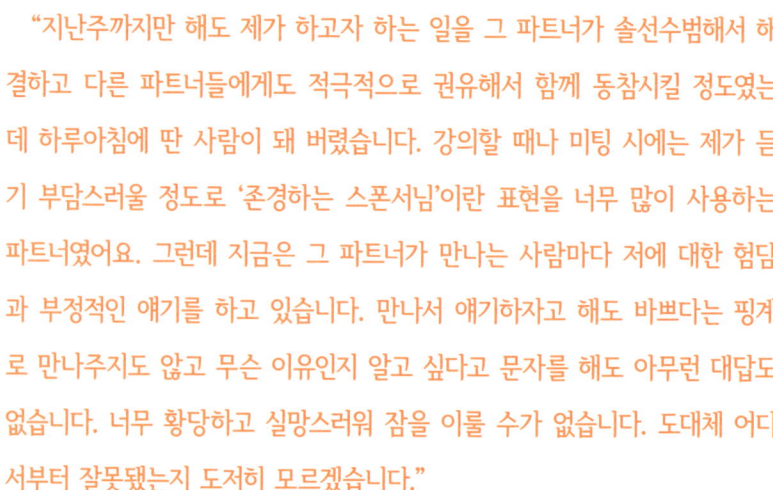

"지난주까지만 해도 제가 하고자 하는 일을 그 파트너가 솔선수범해서 해결하고 다른 파트너들에게도 적극적으로 권유해서 함께 동참시킬 정도였는데 하루아침에 딴 사람이 돼 버렸습니다. 강의할 때나 미팅 시에는 제가 듣기 부담스러울 정도로 '존경하는 스폰서님'이란 표현을 너무 많이 사용하는 파트너였어요. 그런데 지금은 그 파트너가 만나는 사람마다 저에 대한 험담과 부정적인 얘기를 하고 있습니다. 만나서 얘기하자고 해도 바쁘다는 핑계로 만나주지도 않고 무슨 이유인지 알고 싶다고 문자를 해도 아무런 대답도 없습니다. 너무 황당하고 실망스러워 잠을 이룰 수가 없습니다. 도대체 어디서부터 잘못됐는지 도저히 모르겠습니다."

이익에 따라 변하는 마음

초보 네트워커에게 스폰서라는 존재는 스승이자 성공 가이드이다. 지금까지 경험해 보지 못했던 새로운 세계인 네트워크마케팅에서 유일하게 믿을 수 있고 따라갈 수 있는 존재가 바로 스폰서이기 때문이다. 특히 스폰서가 직급이 좀 높고 강의 능력이 있다면 절대적인 신뢰의 대상이 된다.

그래서 가까운 지인(가족·친척·친구)들이 거북스럽게 느낄 정도로 스폰서에 대한 절대적인 신뢰를 보인다. 심지어 스폰서에 대한 자랑이 너무 심해서 남편이나 아내가 오해할 정도까지 이르기도 한다. 성공에 대한 열정과 의지가 강한 만큼 스폰서에 대한 존경심은 커질 수밖에 없다. 그것은 곧 전쟁터에서 가장 강력한 아군을 얻은 것과 같기 때문이다.

그 표현을 하는 네트워커는 두 가지 마음을 갖고 있다. 하나는 진정으로 스폰서에 대한 존경심을 표현하는 것이고, 또 하나는 많은 사람들 앞에서 스폰서에 대한 존경을 표했으니 스폰서로부터 더 많은 사랑을 받을 수 있을 거라는 기대이다. 사람은 인정받는 것을 좋아하기 때문에 스폰서의 마음도 자연스럽게 그 파트너에게 더 기울게 된다.

그런데 그 표현의 수위 조절이 문제이다. 상식적, 객관적으로 모든 사람들이 이해할 만한 정도의 존경심 표현이면 좋은데 남들 눈에 거슬릴 만큼 과하게 표현을 한다면 반드시 나중에 문제가 발생된다. 하지만 성공에 대한 의지가 강한 네트워커에게는 그런 표현이 전혀 문제가 되지 않는다. 자신에게 이익이 된다면 주위에서 눈치를 주는 정도는 아무것도 아니라고 여기는 것이다.

그 다음이 문제다. 그렇게까지 충성(?)했다고 생각했는데 스폰서가 자신이 기대한 만큼 자신에게 도움을 주지 않거나 도움이 되지 않다고 느끼면 배신감 때문에 참지 못하는 것이다. 심지어 하루아침에 적군이 돼 버리기도 한다. 자신이 그동안 스폰서에게 어떻게까지 했는지 잘 알고 있기에 그것에 대한 보상심리가 작동해서 보복을 하는 것이다.

이것이 사람의 마음이다. 자신에게 이익이 될 거라고 생각되면 간과 쓸개도 빼놓지만 자신에게 손해가 될 거라고 여겨지면 등을 돌려버린다. 더 심하면 등에 칼을 꽂는다. 그래서 넘치는 것은 모자란 것보다 못할 수 있는 것이다.

스폰서의 힘 빼기

네트워크마케팅을 통해 어느 정도 직급에 올라간 리더들은 매력적인 경험을 한다. 사회생활에서 누리지 못했던 권력의 맛을 느끼는 것이다. 일반 사회생활에서는 특별한 능력과 실력, 배경이 있는 사람들이 높은 위치에 올라가고 존경받고 대우 받을 수 있는데 네트워크마케팅에서는 리더가 되면 될수록 파트너들이 자신의 말을 따르고 존경심을 표하기 때문이다.

또한 사회생활에서는 아무리 능력과 실력이 있어도 일에 대한 실수를 하거나 도덕적·윤리적인 문제가 발생되면 하루아침에 실업자가 될 수 있는데 네트워크마케팅에서는 실수를 해도 리더라는 이유로 큰 문제없이 넘어갈 수 있거나 묵인 되기도 한다.

또 파트너들은 스폰서에 대한 불만이 생겨도 자신의 성공을 위해서 참거나 무시하고 넘어갈 수밖에 없다. 그것은 경험, 지식, 학력, 종교, 나이에 상관없이 누구나 참여할 수 있는 일이고, 누구나 성공할 수 있는 평등한 기회를 주는 것이 바로 네트워크마케팅이기 때문이다. 즉 네트워크마케팅이 갖고 있는 가장 강력한 장점이 가장 불편한 단점으로 작용한 것이다.

어쨌든 이 독특한 마케팅을 선택했다면 장점을 최대한 활용하고 단점을 보완해서 잘 이용해야 한다. 그 방법은 스폰서에게 달려있다. 스폰서가 힘을 다 빼면 된다. 즉 권력에 취하지 않으면 된다. 그렇다면 스폰서가 힘을 빼는 방법은 무엇일까?

첫 번째, 과하게 표현하는 파트너를 절제시킨다. 직접 대화를 통해 요청한다. 과한 표현이 다른 사람들에게 끼치는 영향과 스폰서의 입장을 곤란하게 한다는 내용을 정확히 전달한다. 또 시스템 교육에 그런 내용을 넣어 강의를 통해 간접적으로 전달해서 예방을 한다.

두 번째, 파트너들을 차별해서 대하지 않는다. 말을 잘 듣거나, 결과가 좋은 파트너를 다른 파트너와 비교하면서 롤 모델을 만들면 그렇지 못한 파트너들은 불만을 갖게 되거나 잘 보이려고 일부러 과하게 표현하거나 행동하게 된다. 결국 문제를 더 크게 만드는 것이다. 주로 배신하는 파트너들은 스폰서의 차별에서 비롯되는 것임을 알라.

세 번째, 스폰서 자신이 늘 겸손한 마음을 갖는다. 이것은 엄청 노력을 해야 한다. 열등감(학력, 가난, 전문성)이 많은 스폰서일수록 직급에 대한 권력의 매력에 취할 수 있다. 파트너 중에 고학력, 전문가, 부자들이 쩔쩔매면서 자신의 말을 들을 수밖에 없다고 생각하는 순간 스스로 큰 함정을 만드는 것이다. 겸손한 리더에게 불손한 파트너는 만들어지지 않는 법이다.

누구 편에 서야 하나

"파트너가 어제는 많이 힘들어하면서 저에게 더 이상 비즈니스를 못하겠다고 해서 어제 밤새도록 잠을 못자고 설쳤어요. 그래서 오늘 아침 일찍 스폰서에게 찾아가 자초지종을 얘기했는데, 스폰서는 파트너의 어려운 상황을 잘 알고는 있지만 그 상황에 맞춰주면서 일을 할 수는 없다고 하며 냉정하게 정리를 하라고 했어요. 저에게는 가장 소중한 친구이고 저의 팀에서 가장 중요한 역할을 하는 파트너인데 만약 그 친구가 일을 그만두면 저도 미래가 막막합니다. 이럴 땐 도대체 누구의 편에 서야 하나요?"

약사로 동네 병원 1층에서 약국을 10년간 운영하다가, 거래하던 제약회사 직원으로부터 네트워크마케팅을 소개받고 부업으로 시작한 류의성 약사. 약국의 한 쪽 공간을 세미나실로 만들어 거의 매일 미팅과 세미나를 하면서 즐거워했는데, 팀의 거의 모든 일을 도맡아 했고 자기가 운영하던 약국까지 정리한 후 전업을 해온 대학동기 친구가 힘들다고 하소연을 한 것이다. 알고 봤더니 그 친구는 스폰서가 진행하는 방식이 마음에 들지 않아 자기가 생각하는 방식으로 계속 하다가 결국 한계에 부딪쳐 힘이 빠진 것이었다.

파트너는 학생이다

네트워크마케팅이 갖고 있는 독특한 요소 중에 중요한 것이 스폰서십이다. 어떤 조직이든지 선배가 있고 선임자가 있기 마련이고 후배나 후임자는 선배와 선임자에게 노하우를 빨리 배울수록 빨리 일에 적응할 수 있기 때문에 여러 가지 어려움이 있어도 참고 배운다.

그런데 네트워크마케팅에서는 조금 다른 면이 있다. 선배가 나이가 많이 어리기도 하고 나이가 너무 많기도 하다. 또 사회경험이 풍부하기도 하고 아예 사회경험이 없기도 하다. 또한 예의범절을 전혀 갖추지 않기도 하고 세련된 매너를 갖추고 있기도 하다. 즉 스폰서라는 호칭으로 만나는 선배들의 경험과 지식·성격·실력이 다 다르다는 것이다.

어떤 경우에는 스폰서들이 말하는 것이 제각각 다 다르기도 하다. 방법이 다 다르니 도대체 어떤 방법으로 행동해야 할지 곤란한 경우도 생긴다. 그러다 보면 일은 제대로 못하고 결과도 없어 치명적인 상황에 처하기도 한다.

그래서 성공하는 그룹에는 '시스템'이라는 것이 잘 준비가 돼 있는 것이다. 그 시스템에는 초보자가 해야 할 일, 부업자가 해야 할 일, 사업자나 전업자가 해야 할 일, 리더가 해야 할 일 등 각 위치에 따라 해야 할 일과 역할이 구체적으로 잘 정리돼 있다. 만약 그런 시스템이 없다면 위의 문제처럼 초보 네트워커는 일을 제대로 못하고 혼란에 빠지게 된다.

그래서 초보 네트워커에게 스폰서라는 존재는 엄청 중요한 역할을 하는 사람이다. 개인의 경험과 지식, 감정으로 이끌어주면 안 된다. 파트너를 학생이라고 여기고 그룹에서 정한 시스템대로 첫 단추를 잘 끼울 수 있도록 하나하나 잘 가르쳐 줘야 한다. 즉 스폰서는 사랑이 가득한 부모의 마음을 가졌지만 학교 선생님처럼 누구에게나 똑같이 적용되는 교과서와 규칙으로 파트너를 이끌어 주는 것이다.

그렇게만 한다면 스폰서가 나이가 어려도 사회경험이 부족해도 실력과 지식이 미미해도 파트너는 스폰서를 선배로서 존중하고 노하우를 배우려 할 것이다. 주의해야 할 것 하나는 파트너를 아랫사람으로 여겨 말이나 행동을 함부로 해서는 안 된다. 오로지 그룹 시스템 기준에 맞는 선배로서의 예의와 행동으로 대해야 한다. 한마디로 선생님답게 학생들에게 모범을 보이면서 가르치라는 것이다.

스폰서는 스승이다

네트워크마케팅에서 가장 즐거울 때는 컨벤션 행사이다. 수백, 수천, 수만 명이 모이는 행사에는 화려한 조명과 음악, 승급하는 사람들의 행복한 미소와 화려한 옷차림, 명사 초청, 유명가수 초청 등이 다 담겨져 있다. 그 행사 중에 하이라이트는 단연 핀 승급식이다. 그동안의 노력에 대한 결과를 축하하고 보상을 받는 시간이기 때문이다. 그 모습을 보면서 모든 네트워커들은 자신의 미래를 꿈꾼다.

그런데 그 핀 승급 대상자들의 모습이나 스피치 하는 내용을 보면 진정으로 성과를 이룬 사람인지, 억지로 그 결과를 만든 사람인지 알 수가 있다.

이것은 필자가 이 업계에서 30년 넘게 교육하고 컨설팅을 하면서 갖게 된 직관력이다. 안타깝게도 억지로 결과를 만든 사람 대부분은 얼마 못가서 그 무대에서 사라지거나 다른 곳으로 이동을 한다.

이것이 네트워크마케팅에서 보여주는 유쾌하지 못한 모습 중의 한 면이다. 그 사람은 자기의 성공을 위해서 많은 돈을 들였거나, 파트너들에게 큰 짐을 지게 했거나, 조직 전체를 비정상적인 방법으로 이끌었을 것이다. 그리고 나중에 더 이상 일 진행을 할 수 없을 지경이 되면 무책임하게 손을 놓아버린다. 결국 순진한 수많은 파트너는 피해자가 되거나 네트워크마케팅에 진저리를 치며 떠나게 된다.

이런 일들이 가끔 일어나는 것은 결국 머리 좋고 잘난척하는 네트워커의 욕심과 교만 때문이다. 돈을 많이 벌려고 의사·약사·검사·변호사·교사가 된다면 그들에게 치료받는 환자나 의뢰인, 학생들은 올바른 처방이나 해결을 못 받을 것이고 학생은 올바른 어른이 되기는 어려울 것이다. 마찬가지로 네트워크마케팅에서도 올바른 사명감으로 파트너들을 이끌지 않는다면 사회에 만연돼 있는 '피라미드'라는 굴레에서 벗어나지 못할 것이다.

필자 주변에는 20대의 어린 나이에도 나이 많은 파트너들에게 존경받는 리더가 있다. 중졸인 학력에도 수많은 엘리트층 파트너들에게 존경받는 리더가 있다. 평범한 주부였던 여성이 수만 명의 다양한 경험을 가진 파트너들의 리더가 된 것을 볼 수 있다. 80세 가까운 나이에 남녀노소의 파트너들에게 존경받는 '젊은 오빠' 리더도 있다.

이들은 모두 가슴에는 뜨거운 사랑과 머리는 성공시스템으로 무장된 냉철한 이성을 가진 모범적인 리더였기 때문에 존경받는 스승이자 위대한 네트워커가 된 것이다. 자, 당신은 누구의 편에 설 것인가? 그리고 당신은 어떤 리더가 될 것인가?

사람이 전부다

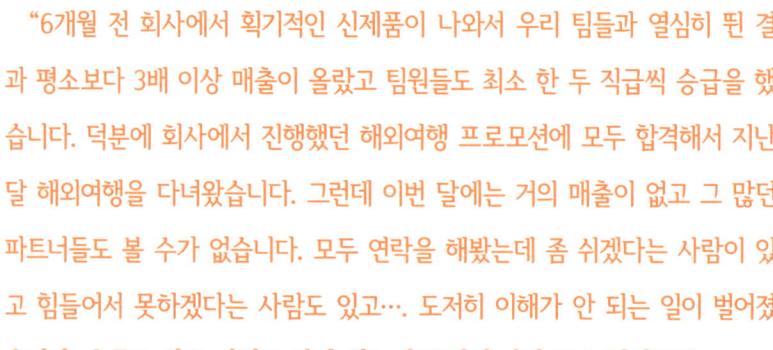

"6개월 전 회사에서 획기적인 신제품이 나와서 우리 팀들과 열심히 뛴 결과 평소보다 3배 이상 매출이 올랐고 팀원들도 최소 한 두 직급씩 승급을 했습니다. 덕분에 회사에서 진행했던 해외여행 프로모션에 모두 합격해서 지난달 해외여행을 다녀왔습니다. 그런데 이번 달에는 거의 매출이 없고 그 많던 파트너들도 볼 수가 없습니다. 모두 연락을 해봤는데 좀 쉬겠다는 사람이 있고 힘들어서 못하겠다는 사람도 있고…. 도저히 이해가 안 되는 일이 벌어졌습니다. 승급도 하고 여행도 갔다 왔는데 도대체 이게 무슨 일이죠?"

동대문 의류센터에서 17년간 옷 장사를 해왔던 여민정 씨. 어느 날 어깨와 허리의 심한 통증으로 병원에 입원했다가, 옆 침대 환자를 병문안 왔던 동생으로부터 네트워크마케팅을 소개받고 퇴원 후 과감하게 옷가게를 정리하고 전업으로 뛰어들었다. 새벽부터 목청이 터져라 외치고, 아파도 참고 일해야 했던 곳에서 벗어난 행복감에 신나게 일 한 결과, 5

개월 만에 옷가게에서의 소득과 비슷한 수입을 만들었다. 그 후 일 년 정도 승승장구하던 여민정 씨가 큰 벽에 부딪힌 것이다. 오랜 대화를 나누다보니 그 원인을 찾을 수 있었다. 그것은 바로 사람이었다.

사람을 찾아라

초보 네트워커가 가장 힘들어 하는 것이 리크루팅(Recruiting)이다. 즉 회원을 모집하는 일이다. 직장인이라면 회사 업무부서에서 시키는 일만 하면 되고, 가게를 운영하는 자영업자라면 가게를 열고 고객을 맞이하면 되고, 의사나 변호사와 같은 전문가라면 주어진 일만 충실히 하면 된다. 세일즈나 방문판매를 하는 사람이라면 고객을 찾아다니며 상품을 설명하고 판매하면 된다.

물론 모든 일이 다 쉬운 것은 아니지만 그래도 주어진 일에 최선을 다하면 원하는 결과나 소득을 얻을 수 있다. 그런데 네트워크마케팅은 정보를 전달하고 본인과 같은 회원을 모집하는 일을 병행하는 일이기에 다른 일보다도 쉽지 않은 일이다. 특히 사회적인 인식이 부정적으로 각인돼 있는 일이기에 더욱 그렇다. 그럼에도 많은 사람들이 네트워크마케팅을 전업으로 하고 있고 부업으로도 인기가 있는 것은 여러 가지 매력적인 요소가 담겨져 있기 때문이다.

그 중 가장 쉽다고 느끼는 것은 평소 늘 사용하고 있던 화장품·건강식품·생활용품 등을 좋은 것으로 바꿔 쓰기만 하면 되고 그것이 돈이 된다는 것 때문이다. 대부분 초보 네트워커가 그렇게 쉽게 시작한다. 그리고 얼마 지나지 않아 어려움을 겪는다. 제품이 문제가 아니다. 바로 사람 때문이다. 제품으로 시작한 비즈니스가 제품이 아닌 사람 때문에 힘들어지는 것이다.

그 원인은 '네트워크마케팅은 휴먼비즈니스'라는 핵심을 잘 모르고 제품만을 전달하려 했기 때문이다. 그래서 초보 네트워커가 가장 먼저 배워야 하는 것은 '복제의 원리'이다. 그것도 사람의 복제가 얼마나 중요한 것인지 배워야 한다. 그런데 그것은 의외로 간단하다. 유유상종(類類相從)이라는 원리를 그대로 적용하면 된다. 즉 '끼리끼리' 어울린다는 사람의 속성을 잘 이해해서 해답을 찾으면 되는 것이다.

우선 예상 고객 명단에 아는 사람들 중 긍정적인 사람, 열정적인 사람, 성실한 사람, 적극적인 사람, 사업경험이 있는 사람, 인맥이 풍부한 사람, 리더십이 있는 사람 등을 우선순위에 올려 그들과 적극적인 소통을 한다. 이렇게 이왕이면 좋은 사람들과 어울리다 보면 조직도 자연스럽게 긍정적이고 열정적이며 성실하고 적극적인 리더십이 있는 멤버들로 채워지게 된다.

사람을 사랑하라

대부분 네트워커들이 비즈니스를 잘 진행되다가 슬럼프에 빠지는 데 그것은 거의 '사람과의 관계' 때문이다. 즉 스폰서와의 갈등, 파트너와의 불편한 관계가 원인이 되는 것이다. 겉으로는 드러나지 않으면서도 목숨까지 잃을 수 있는 암과 같은 치명적인 상처가 돼 결국 비즈니스를 그만 두거나 원수 같은 사이가 돼버린다.

그래서 리크루팅보다 더 중요한 것이 스폰서링(Sponsoring)이다. 즉 조직관리이다. 조직관리의 핵심은 '사랑'이다. 사람을 사랑하는 마음과 정성이 없으면 네트워크마케팅에서 성공하기는 어렵다. 마치 아이가 태어나는 것은 가족에게 축복이지만 아이가 잘 자라는 것은 가족들의 사랑과 관심이 필요한 것과 같은 이치이다. 하지만 무조건적인 사랑은 비즈니스를 더 어렵게 만들 수 있다. 네트워커는 어린아이가 아니라 성인이기 때문에 자칫 그런 사랑이 사람을 허수아비로 만들 수 있기 때문이다.

현명하게 사랑하는 방법은 '교육'을 통해서 표현하는 것이다. 각종 교육내용에 사랑을 듬뿍 담아 네트워커들이 올바르게 성장할 수 있도록 도와준다. 그 방법은 첫 번째, 초보자를 위한 교육에서 네트워커로서의 역할과 자세를 강조한다. 자기계발, 인성, 선한 영향력에 대한 내용을 충분히 담아 초보자가 리크루팅 할 때 단순한 판매자가 아닌 꿈과 비전을 전달하는 진정한 네트워커라는 자부심을 심어준다. 특히 제품을 전달할 때 단순한 제품의 효과, 효능 전달만이 아닌 건강과 미용에 대한 올바른 지식과 사회에 끼치는 영향을 전달할 수 있도록 교육한다.

두 번째, 사업자(부업자)들 대상의 교육에서는 특별히 인성의 중요성에 대한 것을 강조한다. 대부분 네트워커들이 빨리 성공하기 위해서 합리화된 성공의 원리를 무분별하게 응용하며 조직을 마음대로 쥐락펴락하고 있다. 마치 사이비교주처럼 합리화된 성경이나 불경으로 사람들을 자기가 원하는 방향으로 이끌어 가는 것과 같다. 그래서 합법적이고 정통 네트워크마케팅 회사 내에도 피라미드 조직들이 존재하고 있는 것이다. 그래서 그 어떤 교육보다 사업자(부업자)들을 위한 교육에서는 인성과 팀워크, 성공에 대한 올바른 방향에 대한 내용이 많이 그리고 자주 진행돼야 한다. 핀 승급보다 더 중요한 것이 파트너들의 올바른 성장과 변화라는 것을 일깨워주는 교육이 중심이 돼야 한다.

네트워크마케팅이 말도 많고 탈이 많은 것은 사람의 욕심 때문이다. 좋은 일을 욕심으로 채우다 보니 나쁜 일이 돼버리는 것이다. 좋은 일을 좋은 사람들과 좋은 생각으로 한다면 세상을 좀 더 좋게 만들어 갈 수 있다. 좋은 네트워커들의 사랑으로 좀 더 좋은 세상이 만들어지길 간절히 바란다.

사랑과 집착

"제가 지난 일 년 동안 가장 아끼고 사랑하는 파트너를 위해서 모든 것을 다 쏟았는데 그 사람이 어떻게 저한테 이럴 수가 있지요? 심지어 제가 어려운 상황에서도 도와줬는데…. 어떻게 말 한마디 없이 그만 둘 수 있는지 아직도 이해가 되지 않습니다. 자신은 그만 두면 아무것도 아니지만 제가 그동안 도와준 게 얼마나 많은데. 최근 며칠 동안 배신감과 분노로 식사도 잘 못하고 잠도 잘 못 잤습니다. 원장님 도대체 이럴 땐 어떻게 해야 하나요?"

종교단체에서 30년간 봉사를 해왔던 구미희 씨. 일 년 전 봉사하러 갔던 여성단체 사무장을 통해 네트워크마케팅을 소개받고 더 가치 있는 봉사라고 여겨 네트워커가 되었다. 곧바로 가장 아끼던 후배에게 권유하여 파트너가 되었고, 그 후배에게 온갖 정성을 다한 결과 중간 리더가 되었다. 하지만 어느 날 말도 없이 그만두는 바람에 절망에 빠졌다. 필자가 어렵게 그 후배를 찾아 자초지종을 들어보니 구미희 씨의 집착 때문에 너무 힘들어 그만둘 수밖에 없었다고 했다.

사랑의 시작

네트워크마케팅은 체험마케팅이다. 그리고 구전마케팅이다. 그래서 가장 먼저 해야 할 일은 제품을 체험하는 것이다. 자신이 직접 사용해 보고 좋은지 나쁜지를 판단해 보고 좋다면 회원이 돼 계속 구매해서 사용하는 것이고 아니면 마는 것이다. 회원이 된 사람들 중 조금 더 적극적인 사람은 부업이나 사업으로 뛰어들어 네트워커로서 활동을 할 수 있다. 즉 구전마케팅을 하는 것이다. 자신이 체험한 제품의 효과를 주위 사람들에게 적극적으로 알리면서 소비자를 구성하거나 자신과 같은 회원을 모집하는 일을 하게 된다.

이때부터 사랑이 시작된다. 네트워크마케팅이 일반 판매와 다른 점이 바로 여기에 있다. 일반 판매 방법은 제품이 좋으면 그냥 많이 팔기만 하면 되기에 특별한 기술이 필요 없다. 그저 성실하고 열심히 고객들에게 정성을 다하면 된다. 그런데 네트워커는 그 누구보다 자신이 제품의 애용자가 돼야 한다. 모든 제품을 자신이 직접 체험을 해보고 무엇이 어떻게 좋은지를 정확히 알아야 한다. 심지어 제품 성분까지도 알아야 한다. 그래서 제품을 좋아할 정도가 아니라 사랑하는 정도까지 될 수밖에 없는 것이다.

그러다보니 자연스럽게 기업을 사랑하게 된다. 좋은 제품을 만드는 기업은 당연히 좋은 경영철학을 가질 수밖에 없기 때문이다. 그리고 이런 기회를 준 스폰서를 사랑하게 된다. 그래서 성공한 네트워커들은 자신이 사랑하는 모든 것을 사람들에게 적극적으로 자랑한다. 제품, 회사, 스폰서 등이다. 그런데 파트너를 자랑하는 네트워커는 흔치않다. 오히려 파트너를 자기가 도와줘서 성공시키고 있다고 자랑하는 네트워커들이 많다. 그것은 아마 파트너를 사랑하는 다른 표현일 것이다. 마치 부모가 자녀를 사랑하는 것처럼 자기를 믿고 따르는 파트너를 성공시켜 주는 것이 파트너를 사랑하는 것이라고 여기기 때문이다. 어쨌든 열정적인 네트워커일수록 사랑의 표현이 찐하다.

고객에게 설명할 때나 무대에서 강의할 때나 그 모든 열정이 그대로 표현된다. 그래서 그런 열정에 비전을 느끼고 감동을 받은 고객들이 계속 참여하기에 그 조직은 빠르게 성장하는 것이다. 결국 사랑하는 만큼 열정적으로 구전(口傳)이 되고 그 열정만큼 성장하는 것이다.

집착의 끝

무엇이든지 넘치면 문제가 생긴다. 대한민국에서 수능시험이 끝나면 꼭 등장하는 안타까운 뉴스가 있다. 우등생이던 학생이 원하던 성적을 받지 못해 목숨을 끊었다는 소식이다. 대부분의 원인은 부모의 기대에 못 미쳐서, 부모에게 실망을 안겨 주었기 때문이라고 한다. 부모의 사랑이 자녀의 미래를 앗아가 버린 것이다. 이 얼마나 무서운 사랑인가? 하지만 부모는 이 정도는 상상도 못했을 것이다. 이것은 사랑이 아니라 집착의 결과인 것이다. 사랑이라는 명분으로 청소년으로서는 감당하기 어려운 정신적인 고통을 준 것이다.

네트워크마케팅에서도 마찬가지 일들이 많이 발생한다. 주로 스폰서가 파트너에게 도움을 준다는 명목으로 성공을 시켜준다는 구실로 파트너가 감당하기 힘든 것을 요구한다. 초보 네트워커는 누구든지 기업,

제품, 스폰서에 대한 사랑과 믿음을 가지고 있다. 그리고 성공에 대한 기대와 희망도 품게 된다. 특히 교육 시스템이 잘 갖춰진 기업이나 조직에서는 성공에 대한 열망이 더욱 커진다. 이런 배경을 안고 스폰서는 파트너에게 성공에 대한 강력한 권유를 한다.

필자도 30년 이상 성공의 원리를 가르쳐온 성공 코치이자 강사이지만 경험과 지식, 정서가 다양한 네트워커들에게 똑같은 성공의 원리를 적용하지는 않는다. 교육내용은 같을지라도 네트워커들은 천차만별이기 때문에 각자 상황에 맞는 성공 방법을 제공한다.

그런데 대부분 네트워커들은 파트너들을 똑같은 모양으로 성공하기를 바라며 똑같은 성공의 원리를 적용하고 있다. 예를 들어 부업으로 꾸준히 일하고 싶어하는 파트너에게 '빨리 성공하려면 전업으로 해야 한다'고 전업을 권유하거나 '빨리 성공하려면 직급을 가야한다'며 평범한 파트너에게 과도한 직급 도전을 권유하는 것이다. 즉 성공하려면 과감한 도전을 해야 한다고 적극적으로 밀어붙이는 것이다. 말은 맞는 것 같은데 결과는 비참하다.

대부분 중간에 포기하거나 많은 손해를 보고 원망을 하며 떠난다. 안타깝게도 이런 일이 수없이 반복된다. 그러니 네트워크마케팅을 사랑했던 사람들이 떠난 후 가장 강력한 안티 세력으로 돌아서는 것이다. 이렇듯 사랑이 과하면 집착이 되고 집착의 끝은 원망과 피해 그리고 깊은 상처만 남게 된다.

네트워크마케팅은 합리적이고 과학적이며 사랑과 신뢰가 담긴 비즈니스이다. 그래서 어떤 사람하고 함께 일을 하느냐에 따라 행복해질 수도 있고 불행해질 수도 있다. 당신이 진정 행복한 네트워커가 되고 싶다면 집착이 아닌 평생을 함께 동행 할 수 있는 진정한 사랑을 하라.

네트워커의 품격

"진정한 성공자가 도대체 어떤 기준인지 혼란스럽습니다. 수천만 원의 월 소득을 받고 있는 제 스폰서는 모두가 부러워하는 최고 직급자이지만 매출과 직급으로만 사람을 평가하고 목표에 미치지 못하면 죄인 취급을 합니다. 원장님, 판매를 못하면 네트워크마케팅에서 성공하기 힘든 건가요? 제 스폰서는 판매를 잘해야 성공한다고 강조합니다."

서울 대학로에서 10년간 뮤지컬 배우로 활동하다가 성대결절로 입원 치료를 받던 중 병실에서 만난 사람으로부터 네트워크마케팅을 소개받아 전업을 한 오진주 씨. 열정적으로 2년간 활동한 결과 연봉 5천만 원 정도 소득을 받는 리더가 되었다. 하지만 판매와 매출 중심의 비즈니스를 하는 스폰서 때문에 심한 스트레스로 고통스런 생활을 하고 있었다.

"오 사장님, 네트워크마케팅은 인맥유통입니다. 인맥유통의 핵심은 인간관계입니다. 그러니 오 사장님으로부터 인간관계 중심의 비즈니스를 펼치세요. 그래야 오래도록 즐겁게 비즈니스를 할 수 있을 겁니다."

네트워크마케팅의 본질

네트워크마케팅은 제품을 유통하는 판매 사업이다. 하지만 일반 판매 사업과 다른 점이 있다. 그것은 바로 인맥을 통해 제품이 유통된다는 것이다. 모든 일이 사람의 손을 거쳐서 유통이 되는 것이지만 특히 네트워크마케팅은 단순히 유통만 되는 것이 아니고 전달하는 사람이 직접 제품을 체험한 사례가 구전을 통해 전달되는 방식이다. 그러다 보니 시간이 지날수록 많은 고객(소비자)이 형성돼 재판매가 반복되는 과정에서 중간에 유통을 한 네트워커에게 많은 소득이 발생되는 것이다.

이런 네트워커(소비자)의 반복 구매로 인해 네트워크마케팅 회사 입장에서는 자연스러운 판매가 이루어지게 되고, 회사는 매출이 많은 네트워커에게 적절한 보너스와 포상과 좋은 대우를 해준다. 그러니 당연히 네트워커들은 그런 대우를 받기 위해 조직의 매출과 판매에 더욱 열을 올리게 된다.

그런데 회사의 경영자가 네트워크마케팅의 본질과 속성을 모르면 일반 판매회사처럼 경영을 하게 되고 리더들도 마치 유능한 판매원이 되는 것이 네트워크마케팅에서 성공하는 것으로 착각하게 된다.

대한민국 네트워크마케팅 30년의 역사를 보면 그런 현상이 명확히 나타나고 있다. 분명한 것은, 네트워크마케팅도 판매는 판매이지만 인간관계가 핵심인 판매방식이기에 직접 체험한 것을 전달하고 서로 이해하고 신뢰하고 도와주는 일이 소홀히 되면 안 되는 일이다.

즉 사람(스폰서, 파트너, 고객)을 소중히 여기지 않으면 이루어질 수 없는 일이다. 그러니 제품 판매와 매출보다 사람들이 즐겁고 행복하게 일할 수 있는 환경과 분위기를 만드는 것이 가장 중요하다.

네트워커의 품격

'인물이 없다고 한탄하는 자, 그 자신이 왜 인물 될 공부를 하지 않는가?'라는 도산 안창호 선생의 말이 있다. 네트워커들이 타사를 비방하거나 스폰서에 대한 험담을 할 때마다 필자가 조언을 해주면서 덧붙이는 말이다. 불평과 불만을 토로하기 전에 자기 스스로가 남에게 존경과 존중을 받을 만한 존재인지 살펴보라는 뜻이다.

네트워크마케팅은 리더십의 복제가 생명이다. 올바른 리더십이 복제가 되면 오래 지속될 수 있고, 그렇지 않으면 오래가지 못한다. 그래서 순간적인 매출과 소득보다 지속적인 매출과 소득을 위해 올바른 리더십을 배우고 형성해서 복제될 수 있도록 해야 한다.

올바른 리더십의 핵심은 '품격'에 있다. 품격 있는 리더에게는 배울 게 많아 조직이 오래도록 함께하고, 품격이 없는 리더에게는 배울 게 없어 사람들이 떠나게 된다. 그러니 그 무엇보다도 품격 있는 네트워커가 되는 방법을 배워야 한다. 그 방법은 매우 쉽고 단순하다.

첫째, 자신의 가치를 높이기 위해 노력한다. 인맥유통의 최고 상품은 자기 자신이다. 그러므로 자신을 명품으로 만든다. 그렇다고 백화점 명품코너를 찾을 필요는 없다. 자신이 속한 회사의 제품으로 몸을 새롭게 만들면 된다. 얼굴, 몸 등을 피부미인과 몸짱으로 명품을 만든다. 그러면 주위에서 누구나 관심을 가질 것이고, 비즈니스는 자연스럽게 진행된다.

둘째, 사람을 소비자나 비즈니스 파트너로만 생각지 말고 가족으로 여긴다. 가족을 매출의 도구나 돈벌이 수단으로 여기는 사람은 없다. 그러기에 아끼고, 사랑하고, 용서하는 마음이 많은 것이다. 마찬가지로 고객이나 비즈니스 파트너를 가족처럼 대하는 것이다. 다만 무리한 요구나 비상식적인 언행에 대해서는 회사나 그룹의 시스템을 확실하게 적용해서 원칙과 기본에서 벗어나지 않도록 한다.

셋째, 판매가 아닌 인간관계 비즈니스라는 것을 끊임없이 인식시킨다. 판매중심의 일은 자신에게 소득이 돌아올 수 있는 노력만 기울이면 된다. 그래서 판매원은 많이 알고, 말 잘하고, 서비스만 잘하면 된다. 하지만 네트워커는 인성이 더 중요하기 때문에 많이 듣는 연습을 해야 한다. 즉 경청하는 습관을 형성해야 한다. 많이 듣고, 이해하고, 공감하고, 나누는 것이 생활이 되면 인간관계가 원만해 진다.

우리 주변에 존경받고 존중받는 사람들을 보면 대부분 '매너가 좋다'는 평을 받는다. 정치, 경제, 사회, 문화 등 모든 분야에서도 똑같다. 그렇다면 그 어떤 분야보다 더 인간관계가 중요한 네트워크마케팅이라면 더욱 인격적인 비즈니스를 해야 하지 않을까? 네트워크마케팅의 미래는 네트워커의 품격에 따라 달라질 것이다. 당신의 품격은 어떠한가?

복제의 차이

"일을 시작할 당시 제가 느꼈던 어려움을 현재 제 파트너도 똑같이 느끼고 있어서 도와주었는데, 저와는 달리 제 파트너는 시간이 지나도 계속 도움을 요청하고 있어요. 어느 정도 성장하면 스스로 일하리라 믿고 도와준 것인데…. 지난 번 미팅 때 '이제는 스스로 하세요'라고 했더니 저에게 '스폰서 역할을 이제 그만두는 거냐'며 강한 불만과 함께 연락을 끊어버렸습니다. 너무 황당하고 혼란스러워서 이렇게 도움을 청하러 왔습니다. 원장님, 제가 잘못한건가요?"

평범한 주부로 15년을 살다가 갑작스런 남편의 교통사고와 실직으로 생계를 위해 일을 찾던 중 교회 동료로부터 네트워크마케팅을 권유받아 시작한 황은영 씨. 사정을 잘 아는 스폰서의 헌신적인 도움으로 몇 개월 만에 생계 걱정에서 벗어날 수 있을 만큼 조직이 늘어났고, 일 년이 지난 후 약간의 경제적인 자유를 누릴 수 있게 되었다. 그런데 자신과 비슷한 처지에 놓인 파트너가 생겨 도와주었는데, 이러한 상황이 발생한 것이다.

"황 사장님, 모든 사람이 황 사장님과 같은 마음을 가지고 있는 것은 아닙니다. 그러니 너무 실망하지 마시고, 지금부터는 '복제'에만 신경을 쓰십시오. 특히 고기를 잡는 방법을 복제할 수 있도록 집중하세요. 그것이 더 많은 사람들을 성공시킬 수 있는 방법입니다."

주객이 바뀌는 것

네트워크마케팅의 위력은 복제에 있다. 평범한 사람들이 네트워크마케팅에서 성공할 수 있는 핵심 요소가 바로 이 복제의 원리이다. 그래서 경험과 지식이 풍부한 성공한 네트워커, 즉 선배 네트워커가 후배들을 위해 복제를 잘 할 수 있는 방법들을 모아서 '시스템'이란 것을 만들고 이것을 '교육'을 통해 전수하고 있다. 즉 성공하는 복제 방법을 교육을 통해 전달하는 것이 네트워크마케팅이고, 그것을 실천하는 셀프 리더를 많이 육성할수록 큰 조직을 만들 수 있는 것이다.

그런데 네트워크마케팅을 수박 겉핥기로 배운 네트워커가 의외로 많다. 그리고 그것이 올바른 방법인 양 후배들에게 권장하고 반복해서 전달하고 있다. 그 중에 하나가 스폰서의 도움이다. 스폰서라는 존재를 무조건 파트너에게 도움을 주는 사람으로만 여기는 것이다. 선배 네트워커들이 '당신 파트너가 성공할 수 있도록 도와줘라'는 특명(?)을 내리고, 스폰서는 자식을 쫓아다니면서 일일이 모든 것을 챙겨주는 부모처럼 파트너의 일상에 모두 관여한다.

겉으로 보면 스폰서의 정이 넘치는 아름다운 모습 같지만, 실상은 그렇지 않다. 경제적 여유가 없는 스폰서이거나 경험과 지식이 부족한 스폰서일 경우에는 마치 자식에게 마음껏 지원을 해주지 못한 죄지은 부모처럼 파트너의 눈치를 보게 된다. 파트너가 도움을 요청하면 어디든 달려가야 하고, 비즈니스와 상관없는 파트너의 가정문제나 개인적 인간관계에서의 불편한 부분까지도 해결하려 애를 쓴다.

이런 일들이 반복되다 보면 어느 때부터인가 일하는 시간보다 파트너의 사소한 일들을 해결하는 것에 시간과 노력을 낭비하게 된다. 그리고 그것이 습관이 되어 파트너는 스폰서를 자기를 위해서 존재하는 사람으로 인식하게 된다. 주객(主客)이 전도(顚倒) 된 것이다. 이것이 복제가 된다면 이 조직은 정상적인 네트워크마케팅 조직이 될 수가 없다.

오늘의 빵과 내일의 열매

스폰서는 분명 파트너를 도와주는 사람이지만 도와주는 정도의 차이를 잘 조절해야 한다. 그것을 판단하는 기준은 '오늘의 빵과 내일의 열매'에 있다. 즉 당장의 현실을 해결하기 위해 파트너를 도와주는 방법보다 미래의 셀프 리더가 될 수 있는 방법을 선택하는 것이다.

이것은 용기와 인내심이 많이 필요한 일이기에 마음을 단단히 먹어야 한다. 당장 현실을 해결하기를 원하는 파트너에게 불만, 불평을 들을 수 있고, 심지어는 갈등이 생길 수도 있기 때문이다. 하지만 파트너와 오랫동안 좋은 관계를 유지하며 함께 행복해질 수 있는 길이라면 감당해내야 한다.

첫째, 네트워크마케팅 성공 시스템 관련 책이나 매뉴얼을 늘 지참한다. 파트너와 미팅할 때마다 책이나 매뉴얼을 테이블 위에 올려놓고, 대화를 나눌 때 주관적인 생각이나 감정보다 성공 시스템과 매뉴얼의 기준으로 말한다. 혹시 강조할 부분이 있으면 직접 펼쳐서 함께 보면서 대화를 나눈다.

이렇게 하면 파트너의 눈에는 고리타분한 스폰서처럼 보이지만, 원칙과 기본을 지키며 일하는 모습을 늘 보여주게 되니 거기에서 벗어나는 요구나 무리한 도움을 요청하는 것을 예방(?)할 수 있다. 또한 주관적인 생각이나 판단으로 결정을 내렸다가 잘못되면 스폰서의 책임으로 돌리려하는 것도 미연에 방지할 수 있다.

둘째, 성공 시스템의 표본인 스폰서나 리더에 대한 존경심을 늘 표현한다. 파트너와 미팅할 때와 대화할 때마다 본보기인 그 리더의 생각과 행동을 강조하고, 자신도 그것을 따라하고 있다고 말한다. 이에 대한 파트너의 반응은 두 부류로 나뉜다. 한 부류는 '성공하는 사람들은 모두 같은 생각과 행동을 하는군. 그럼 나도 따라 해야지.'하며 적극적으로 따르고, 또 한 부류는 '다들 하나같이 똑같군. 내 생각과 말은 먹히지도 않겠네.'하며 어쩔 수 없이 따라한다.

어쨌든 파트너의 개인적인 상황과 환경 때문에 스폰서가 도와주는 것보다는 성공 시스템의 기준을 따를 수 있도록 이끌어 주는 것이니 서로에게 좋은 것이다.

좋은 방법이 복제가 잘 되면 튼튼한 파이프라인이 되어 오래도록 행복하게 지낼 수 있고, 엉뚱한 것이 복제가 되면 부실한 파이프라인이 되어 재앙을 맞이할 수 있다.

낭만 네트워커

"제가 네트워크마케팅을 한지가 어느덧 10년이 되었습니다. 며칠 전 혼자 시간을 내어 동해바다를 찾아 잠시 지난 세월을 뒤돌아보았는데, 1년 365일 거의 쉼 없이 달려왔고 나름대로 남들이 부러워하는 결과와 여유로운 삶을 살고 있는 것 같은데 왜 이렇게 마음이 허전한지 모르겠습니다. 스폰서나 파트너들과의 만남은 편한데, 친구나 친척, 사회 지인들과의 만남이 많이 어색하고 불편합니다. 게다가 그들과 문화적인 차이를 느끼는 것 같아서 대화의 공감대가 전혀 이루어지지 않습니다. 마치 그들과 전혀 다른 세상에서 살고 있는 것 같은 느낌입니다. 저는 네트워크마케팅을 하지 않는 지인들과도 정말 친하게 지내고 싶습니다. 원장님, 좋은 방법이 있으면 알려주십시오. 제발"

고교졸업 후 소방공무원이 되어 20년 동안 근무하다가 명예퇴직 후 창업 세미나에서 만난 사람에게 네트워크마케팅을 소개받고 곧바로 전업으로 뛰어들었던 송길영 사장. 열심히 일한 결과 5년 만에 억대 연봉의 리더가 되었고, 그 후 계속 성장해 왔다. 그런데 최근 심한 불안증세로 고민에 빠져 있다가 필자를 찾아와 하소연 했다.

"송 사장님, 네트워크마케팅은 성실하고 부지런한 사람들에게 딱 어울리는 비즈니스입니다. 그런데 오랜 기간 동안 네트워크마케팅을 하면 낭만을 잃어버립니다. 일을 즐기면서 하는 것을 배워야 합니다. 지금부터 낭만 네트워커가 되십시오."

열정 네트워커

네트워크마케팅 초기에 가장 돋보이는 사람들은 열정적으로 일하는 네트워커이다. 잠자는 시간도 아깝다며 새벽별을 보고 나와 다시 새벽별을 보고 귀가할 정도로 열과 성을 다해 뛰어다닌다. 이런 에너지 넘치는 모습을 스폰서들이 보면 얼마나 기특하겠는가? 그러니 스폰서들은 그들에게 아낌없는 칭찬을 보내고, 본보기로 남들에게 엄청난 자랑을 한다.

그러다가 승급이라도 하면 그야말로 축제가 펼쳐지고 띄우기 바쁘다. '최단기 승급자'라느니 '최연소 승급자'라느니, '최단기 억대 연봉자가 되었다'느니 하면서. 핀 승급식 때 스피치는 역시 열정이 활활 타오르는 강력한 메시지와 의지, 목표가 담겨져 있어서 보고 듣는 이로 하여금 주먹을 불끈 쥐게 만든다.

이러한 열정 네트워커는 자신에게 뿐만 아니라 성공을 꿈꾸는 모든 네트워커에게 꿈과 용기를 주는 선망의 대상이 되고, 그 열정을 계속 뿜어내게 된다. 더 나아가 타 그룹이나 회사에서도 그런 열정 네트워커를 본보기로 자주 언급하거나 대형 세미나, 행사의 무대에 올려 다른 네트워커를 자극한다. 그들이 마치 성공의 표본인 것처럼.

그러나 안타깝게도 초기에 그런 엄청난 에너지를 뿜어내던 열정 네트워커가 오랜 세월이 지나서 네트워크마케팅의 역사에 남아있는 사람은 그리 많지 않다. 오히려 어느 때부터인가 모습을 볼 수 없고, 다른 일을 한다는 소문만 떠돌기도 한다. 남아있는 대부분의 열정 네트워커는 과거처럼 늘 바쁘고 부지런하게 뛰어 다닌다.

그런데 그들을 보면 왠지 안쓰럽다. 그렇게 열심히, 부지런히 일하는 방법밖에 모르기 때문이다. 다람쥐 쳇바퀴 돌 듯 그냥 매일 똑같은 행동을 반복할 뿐이다. 열심히 살고 있기에 자신이 일하는 만큼의 성과와 삶을 누리기는 하지만, 네트워크마케팅에서 늘 강조하던 시간의 자유와 인격적인 자유를 누리는 것 같지는 않은 모습인 것이다.

낭만 네트워커

일을 열심히 하는 사람보다 일을 즐기는 사람이 성공하는 확률이 훨씬 높다. 일을 즐기는 사람은 리듬을 타기 때문이다. 즉 일만 열심히 하는 사람은 일 이외의 삶에 별 흥미를 느끼지 못하고 일을 할 때만 보람과 가치를 느끼는데, 일을 즐기는 사람은 일과 삶의 균형을 잘 조절하기 때문이다. 다시 말해서 일과 삶을 따로 떨어뜨려 놓지 않고 일에서 삶의 의미와 가치를 찾고 일 이외의 삶에서도 일에 도움이 될 수 있는 의미와 가치를 부여하기 때문에 인생 전체가 즐겁고 행복한 것이다.

그래서 필자는 제자들(네트워커)에게 '열정 네트워커보다 낭만 네트워커가 되라'고 강조한다. 네트워크마케팅에서 성공하려고 악으로 깡으로 열심히 일하지 말고, 게임을 하듯이 즐기면서 일하라고 권유한다. 그렇다고 놀면서 대충 일하라는 뜻이 아니다. 게임도 대충하면 재미가 없는 것처럼 최선을 다해 게임을 하면서 성취와 보람을 느낄 수 있도록 하는 것이다.

일만 열심히 하던 네트워커들이 어느 순간 쉽게 포기하는 이유는 자신이 하고 싶은 많은 것들(동창회, 친인척 관혼상제, 취미, 가족여행, 이웃 모임 등)을 자제하고 밤낮없이 열심히 일한 만큼의 결과나 성과를 얻지 못했을 때 좌절하기 때문이다. 성공적인 결과를 만들면 그동안 참고 못했던 많은 것들을 마음껏 할 수 있다는 의지로 버텼는데, 그것을 이루지 못했을 때의 패배감은 이루 말할 수 없이 큰 것이다.

그래서 평상시 속도조절을 잘하면서, 호흡을 잘 가다듬는 연습을 해야 한다. 달력에 있는 공식적인 주말과 국가에서 정한 공휴일 덕분에 우리는 쉼을 반복하며 일할 수 있다. 그와 마찬가지로 자신만의 휴식과 좋아하는 것을 마음껏 할 수 있는 날을 자신이 정하면 되는 것이다. 이것이 바로 낭만 네트워커이다.

여행을 좋아하면 한 달에 한 번 여행을 떠나고 연극이나 영화, 골프, 등산, 사진, 공예 등 무엇이든 자신이 좋아하면 한 달에 한 번 날을 정한다. 이때 혼자 하는 것보다 주위 지인들과 함께 취미를 공유하는 것이 더 좋다. 그러다 보면 그들도 자연스럽게 당신이 하는 일에 관심을 갖고 파트너도 될 수 있으니.

성공하려면 선택과 집중을 해야 한다. 그리고 더욱 중요한 것은 집중을 위한 효과적인 쉼과 호흡조절이다. 그것은 자신이 좋아하는 취미와 여가생활을 잘 활용하는 것이다. 진정한 프로는 낭만 네트워커이다.

내 안에 다이아몬드를 찾아라

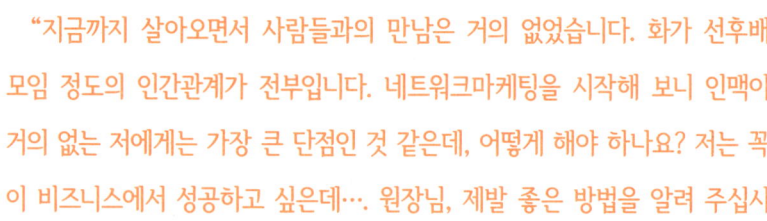

"지금까지 살아오면서 사람들과의 만남은 거의 없었습니다. 화가 선후배 모임 정도의 인간관계가 전부입니다. 네트워크마케팅을 시작해 보니 인맥이 거의 없는 저에게는 가장 큰 단점인 것 같은데, 어떻게 해야 하나요? 저는 꼭 이 비즈니스에서 성공하고 싶은데…. 원장님, 제발 좋은 방법을 알려 주십시오."

명문 미술대학교를 졸업하고 화가의 길을 걸으며 각종 미술대전에서 다양한 수상을 하며 승승장구하던 홍지하 씨. 50대 초 어느 날 대상포진으로 죽을 고비를 넘기며 병원에 입원했다가 옆 침대의 환자 가족을 통해 네트워크마케팅 제품을 소개받고 큰 효과를 본 후 부업으로 시작했다. 미팅과 교육을 받던 중 과로와 스트레스가 많은 화가의 길보다 네트워커의 삶을 사는 것이 낫다고 결단하고 아예 전업으로 뛰어 들었다. 하지만 시간이 지날수록 인맥의 한계에 부딪혀 절망에 빠진 것이다.

"홍 사장님, 그림 그릴 때를 떠올려 보세요. 하얀 도화지에 하나씩 그림을 그려가면서 완성하는 것처럼 인맥이 없으면 하나씩 만들어 가면 되는 것입니다. 가장 중요한 것은 자기 자신을 믿는 것입니다. 어떤 그림을 그릴 것인지 미리 생각하고 시작하면 거침없이 자신 있게 그림을 그려나가는 것처럼 말이죠."

내 안에 다이아몬드가 있다

초보 네트워커들의 생각은 환경의 지배를 많이 받는다. 생활수준, 경제상태, 지식, 인맥 등과 타인과의 소통하는 능력이 어느 정도인지에 따라 생각의 강약이 정해지는 것이다. 즉 이미 많은 것을 갖추고 있는 사람은 자신감 있게 비즈니스를 할 것이고, 많은 것이 부족하다고 여기는 사람은 자신감 없는 생각으로 비즈니스를 할 것이다. 그러니 이미 게임의 승패는 처음부터 정해져 있는 것이다.

결국 초보 네트워커이지만 자신감 넘치게 일을 하는 사람은 몇 번의 고비나 장애물을 만나도 쉽게 극복하며 원하는 성과를 얻어내는 것이고, 그렇지 못한 경우에는 사소한 장애물이나 어려움을 겪었을 때 쉽게 좌절하거나 포기하는 것이다. 이런 원리는 네트워크마케팅 뿐만이 아니라 모든 분야에 적용되는 기본 원리이자 상식이다.

그렇다면 성공하지 못한 사람은 무엇을 하든 늘 실패만 해야 하는 것인가? 아니다. 해답은 있다. 그것은 매우 단순하다. 자신 안에 다이아몬드를 찾으면 된다. 대부분 사람들은 자신 안에 다이아몬드가 있다는 것을 모르고 평생 살아간다. 그런데 평범했던 삶을 살다가 멋진 성공을 이루어 낸 사람들은 바로 그 다이아몬드를 찾은 것이다.

예를 들어 당신의 은행 계좌에 마음만 먹으면 언제든지 당장 찾아 쓸 수 있는 현금이 100억 원이 있다고 하자. 그리고 당신은 네트워크마케팅을 시작한 지 한 달 정도 되는 초보 네트워커이다. 자, 어떤가? 사람 만나는 것이 두려운가? 제품 설명하는 것이 두려운가? 실패할까봐 불안한가? 아마 든든한 은행계좌 덕분에 당신의 생각은 실패를 생각하는 것보다 '어떻게 하면 네트워크마케팅에서 성공할까?'에 집중될 것이다. 결국 그 생각으로 당신은 현재의 불안정한 많은 환경과 장애물, 고비를 뛰어넘어 성공할 수밖에 없을 것이다.

이것이 바로 당신 안에 숨어있는 다이아몬드이다. 즉 당신 안에 당신도 몰랐던 성공자의 DNA가 있는 것이다. 그 다이아몬드를 찾기만 한다면 평범한 당신도 성공할 수 있다.

다이아몬드는 다듬어야 가치가 있다

성공한 사람과 실패한 사람의 차이는 생각의 차이에 있다. 성공한 사람의 생각은 크고 견고해서 웬만한 비바람과 태풍에도 흔들리지 않고, 실패한 사람의 생각은 작고 약해서 약한 바람과 눈보라에도 쉽게 흔들리고 부러진다. 그래서 성공하려면 생각의 크기를 키우고 튼튼하게 하는 훈련을 해야 한다. 다이아몬드를 성공의 상징으로 여기는 것도 단단하고 늘 변치 않은 모습으로 빛나기 때문이다.

자신 안에 있는 다이아몬드를 찾는 방법은 자신이 성공자(최고 직급자)가 된 모습을 매일, 매시간, 매번 생생하게 상상하는 것이다. 틈만 나면 언제, 어디서든 잠시 눈을 감고 '나는 성공자다', '나는 최고 직급자다'라고 외치며 생생하게 상상하는 것이다. 의식적으로 강하게 인식시킬수록 당신의 무의식 세계(잠재의식)는 당신을 진짜 성공자로 받아들인다. 무의식 세계는 현재와 과거, 미래를 구분하지 못하기 때문에, 당신이 생생하게 상상하는 미래의 성공한 모습을 마치 현재처럼 받아들여 그렇게 행동하게 도와줄 것이다.

그 다음 단계는 그렇게 찾은 다이아몬드를 다듬는 것이다. 이것이 바로 생각이 현실로 만들어지는 가장 중요한 과정이다. 이것은 의외로 단순하고 쉽다. 하지만 위력은 최고 수준이다. 그것은 바로 성공모델을 만들고 흉내 내는 것이다.

당신이 되고 싶은 최고 직급자 중 가장 모범적이고 인격적인 리더를 선택하고 그 사람처럼 될 때까지 일거수일투족을 흉내 낸다. 마치 TV의 '히든싱어'라는 프로그램에서 원곡 가수를 흉내 내는 모창 가수처럼. 원곡 가수조차도 깜짝 놀랄 만큼 똑같이 흉내 내는 모창 가수들은 원곡 가수의 모든 일거수일투족을 분석하고 똑같이 흉내 낸다. 결국 그들도 원곡 가수 못지않은 인정을 받고 영광을 얻는다.

평범한 사람이 성공을 할 수 있는 네트워크마케팅이라고 해도 노력하지 않으면 아무것도 얻을 수 없다. 특히 큰 성공을 꿈꾸는 네트워커라면 그 크기에 어울리는 생각을 가져야 한다. 다행인 것은 그런 생각의 크기가 모든 사람들 마음속에 다이아몬드로 숨겨져 있다는 것이다. 그런 다이아몬드를 찾아서 다듬는 노력만 기울인다면 누구든 성공할 수 있다. 자신을 믿어라. 거기에 다이아몬드가 숨겨져 있다.

왕관의 무게를 견뎌라

"스폰서는 평범한 주부이고, 그 위의 상위 스폰서도 부업을 하는 직장인이라 저를 이끌어 줄 수 있는 스폰서가 없습니다. 오히려 제가 직급이 더 높고, 조직도 많아서 스폰서들이 은근히 저에게 의지하는 편입니다. 저는 지금보다 더 성공하고 싶은데, 스폰서들에게 배울 게 없으니 미래가 막막합니다. 가끔 유튜브로 타 그룹의 성공한 리더들의 강의를 들으면 부럽기도 하고 화가 나기도 합니다. 그런 능력 있고 좋은 스폰서를 만났다면 제가 더 빨리 성공할 수 있었을 텐데..."

화장품 방문판매원으로 10여 년을 활동하다가 단골 고객으로부터 네트워크마케팅을 소개받아 1년 만에 고소득 직급자가 된 김설화 씨. 더 성공하고 싶은 간절함을 평범한 스폰서들이 채워주지 못하는 것 때문에 불만이 생겼다. 1년까지는 과거 일했던 경험으로 결과를 만들 수 있었지만, 최근 6개월 동안 아무런 성과와 성장이 없어 더 불만이 커진 것이다.

"김 사장님, 네트워크마케팅은 1인 CEO 시스템입니다. 자신이 회사이고, 자신이 경영자입니다. 능력 있는 스폰서를 만난다면 행운이겠지만, 그렇다고 성공한 네트워커가 모두 그런 행운을 만난 것은 아닙니다. 오히려 김 사장님과 같은 처지에 있던 사람이 성공한 사례가 더 많습니다. 왜냐하면 그들은 스스로 성장했기 때문이지요. 스폰서가 능력이 없으면, 스스로 능력을 키우십시오. 그것이 바로 1인 CEO가 되는 길입니다."

왕이 되려는 자

초보 네트워커는 마음이 편하다. 그저 스폰서를 졸졸 따라다니기만 하면 되기 때문이다. 스폰서가 참여하는 미팅, 세미나, 행사에 출석(?)만 잘해도 고속도로에 올라탄 자동차처럼 성공의 길에 올라탄 형태이다. 이때는 스폰서의 경험이나 지식이 크게 문제가 되지 않는다. 그저 그룹이나 팀에서 진행하는 시스템(미팅, 세미나, 행사)에 함께 참여하면 되니까. 마치 학생이 학교에 가서 선생님으로부터 지식을 배우는 것과 같이 주로 배우는 것이 일상이니 세상에 이보다 쉬운 일은 없을 것이다.

그러다가 조직이 조금씩 늘어나면서 편하던 마음이 조금씩 무거워지기 시작한다. 즉 초보 네트워커에서 벗어나 리더가 되면 다양한 파트너들을 관리하게 되는데, 자신의 경험과 지식만으로는 힘겨워지기 때문이다. 이때 그동안 느껴보지 못했던 스폰서의 존재감을 느끼게 된다. 그룹의 시스템이 아무리 잘 되어있다고 해도 시시각각 변화무쌍한 현장에서 함께 움직이며 즉각적으로 일을 해결해 줄 수 있는 스폰서가 있다면 얼마나 좋겠는가?

하지만 그런 스폰서가 아니라면 그동안 한 번도 생각해보지 않았던 스폰서에 대한 불만이 생기게 된다. 심지어 스폰서의 무능력으로 자신이 성공하지 못한다는 억울한 생각까지 들게 되면 그야말로 하루하루 일상생활도 유쾌하지 못한 날들로 변해버린다. 이것은 정말 끔찍한 일이다. 만약 이 상황에서 벗어나지 못한다면 네트워크마케팅은 즐거운 일이 아니라, 힘들고 고통스러운 일이 될 것이다.

이때가 성공할 네트워커와 실패할 네트워커의 갈림길이다. 계속 스폰서에 대한 불평·불만으로 사는 네트워커는 네트워크마케팅의 진면목을 경험해 보지도 못하고 방문판매원 수준에서 멈추거나 실패한 네트워커가 되는 것이고, 그런 스폰서가 없어도 스스로 변화하고 성장한 네트워커는 셀프 리더의 수준까지 올라가 결국 성공한 네트워커가 되는 것이다.

'왕이 되려는 자, 왕관의 무게를 버텨라'는 말이 있다. 네트워크마케팅은 '누구나 성공할 수 있다'는 매력적인 정보, 즉 '누구나 왕이 될 수 있다'로 시작할 수 있지만, 왕관의 무게를 버틸 수 있는 힘을 키우지 않으면 왕이 될 수 없다. 그것은 바로 스폰서의 의존에서 벗어나 빨리 셀프 리더가 되어 스스로 시스템의 표본이 되는 것이다.

왕관의 무게를 견뎌라

왕은 주위에 풍부한 경험과 지식·지혜를 갖춘 신하를 두고 있다. 그들을 통해 세상의 흐름과 미래에 대한 조언을 얻는다. 하지만 결정은 왕이 스스로 해야 한다. 그리고 그 결정에 대한 책임도 왕이 진다. 규모가 큰 나라일수록 다양한 일에 대한 고민과 계획, 결정과 책임을 지게 되니 왕이 느끼는 무게는 엄청날 것이다. 그것이 왕관의 무게이다.

네트워크마케팅에서도 성장할수록 그와 똑같은 일이 벌어진다. 초보 네트워커일 때 전혀 상상도 못하고, 느낄 수가 없었던 왕관의 무게가 큰 리더로 갈수록 점점 더 크고 무거워진다. 그럴 때마다 도움을 받은 것이 바로 그룹의 시스템이다. 왕의 충신처럼 풍부한 경험과 지식, 지혜를 모아놓은 것이 바로 시스템이기에 중요한 결정과 행동을 할 때 올바른 길로 안내를 해주는 역할을 한다.

충신의 조언을 잘 경청하고 결정을 내리는 왕은 지혜로운 왕이 될 것이고, 충신의 조언보다 왕 자신이 좋아하는 것, 자신이 듣고 싶어 하는 말만 듣게 된다면 나라를 망치는 왕이 될 것이다. 그처럼 네트워크마케팅의 리더도 큰 그룹을 이끌수록 원칙과 기본, 그리고 다양한 경험과 지식, 지혜가 담긴 시스템대로 일을 해야 한다. 그것을 이룰 수 있는 가장 빠르고 효과적인 방법은 '강사가 되는 것'이다.

강사가 되면 회사나 그룹을 대표하는 공인과 같은 존재이기 때문에, 말과 행동 그리고 일하는 것을 가장 모범적으로 해야 한다. 만약 언행일치가 안 되거나 강의 내용처럼 일을 못하거나 성과를 내지 못한다면 아무도 신뢰해주지 않기 때문에 당연히 솔선수범할 수밖에 없다. 그래서 필자는 '강사는 셀프 리더의 꽃이다'라는 표현을 한다. 스폰서에게 의존하지 않으면서도 남들보다 많은 학습과 회사나 그룹의 시스템대로 행동을 해야 하니 타인보다 성공의 지름길로 가는 것이다.

열정과 행동 사이

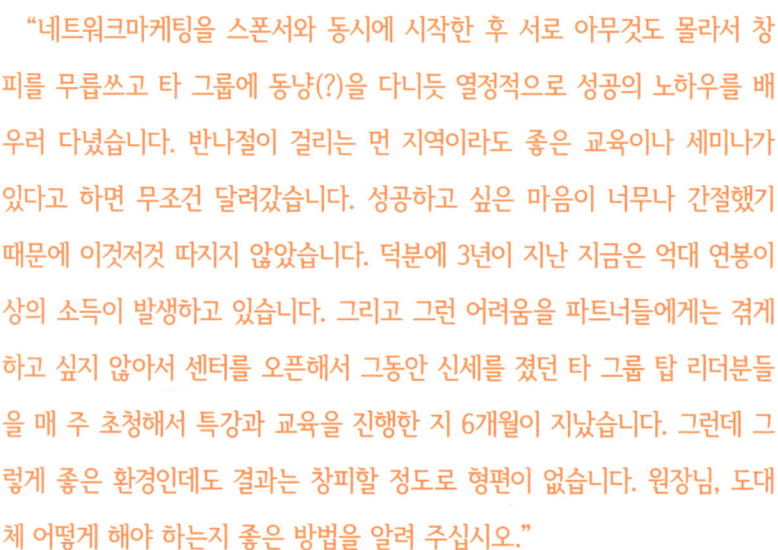

"네트워크마케팅을 스폰서와 동시에 시작한 후 서로 아무것도 몰라서 창피를 무릅쓰고 타 그룹에 동냥(?)을 다니듯 열정적으로 성공의 노하우를 배우러 다녔습니다. 반나절이 걸리는 먼 지역이라도 좋은 교육이나 세미나가 있다고 하면 무조건 달려갔습니다. 성공하고 싶은 마음이 너무나 간절했기 때문에 이것저것 따지지 않았습니다. 덕분에 3년이 지난 지금은 억대 연봉이상의 소득이 발생하고 있습니다. 그리고 그런 어려움을 파트너들에게는 겪게하고 싶지 않아서 센터를 오픈해서 그동안 신세를 졌던 타 그룹 탑 리더분들을 매 주 초청해서 특강과 교육을 진행한 지 6개월이 지났습니다. 그런데 그렇게 좋은 환경인데도 결과는 창피할 정도로 형편이 없습니다. 원장님, 도대체 어떻게 해야 하는지 좋은 방법을 알려 주십시오."

지방의 소도시에서 15년 정도 약국을 운영하다가 사촌동생의 권유로 네트워크마케팅 회사 제품을 약국에서 취급하던 중 고객들의 반응이 너무 좋아 아예 약국을 정리하고 전업으로 뛰어들었던 주영희 사장. 순수하고 성실한 성격 덕분에 타 그룹 리더들과의 원활한 소통으로 각 그룹의 미팅과 세미나를 통해 빨리 성장할 수 있었다. 자신과 몇몇 파트너들은 3년 동안 동고동락하며 전국을 뛰어다녔지만, 최근의 초보 파트너들의 모습은 그렇지 못한 것에 큰 고민에 빠진 것이다. 필자가 몇 주 동안 알아보니 그 원인은 솔선수범하지 않는 중간 리더들에게 있었다.

"주 사장님, 그룹의 전체적인 분위기는 열정이 넘쳐서 저도 감동받을 정도입니다. 그런데 세미나와 행사의 내용이 대부분 탑 리더들의 성공 스토리와 단편적인 사업설명(회사, 제품, 보상플랜, 비전) 중심입니다. Why?(왜)에 대한 내용은 넘쳐나는데, How?(어떻게)에 대한 구체적이고 다양한 내용은 거의 없습니다. 즉, 파트너들에게 열정은 전달되는데, '행동할 수 있는 방법'이 빠져 있네요. 중간 리더들의 솔선수범(행동)이 반드시 필요합니다."

시작은 열정으로

성공한 네트워커 대부분의 모습은 열정이 넘친다. '강력한 카리스마' 또는 '부드러운 카리스마'라는 표현이 파트너들 입에서 자주 오르내린다. 강력하든 부드럽든 카리스마가 넘친다는 것은 열정과 당당함이 자연스럽게 풍겨져 나온다는 의미다. 그런 열정은 하루아침에 만들어진 것이 아니다. 산전수전, 공중전을 다 겪었다는 우스개 소리를 할 만큼 많은 시간과 노력 그리고 수많은 실패도 겪으며 다져졌다는 것이다.

그러니 그들의 스피치나 강의하는 모습은 강한 열정이 뿜어져 나올 수밖에 없다. 그런 강한 열정을 보고, 듣고, 느낀 고객이나 초보 네트워커들은 그들처럼 될 수 있다는 믿음과 확신을 갖고 성공을 꿈꾸며 그들처럼 도전한다. 열심히 뛰다가 지치거나 좌절하면 스폰서들은 또 그들의 열정적인 강의를 듣도록 권유해서 다시 동기부여를 받아 다시 또 뛰게 한다. '포기하지 말라'고 하며.

그렇게 대부분의 초보 네트워커들은 성공한 리더들의 강력한 열정을 먹으며 쓰러질 때마다 오뚜기처럼 일어선다. 그러다가 고객이나 파트너 중 슈퍼스타(?)가 나오게 되면 그 모든 고통과 어려움이 한순간에 깨끗이 사라진다. 그러면서 '역시 포기하지 않고 열심히 일하니까 이런 달콤한 열매를 얻게 되는구나.'라며 성공자들의 말이 맞다는 것을 확인하고 스폰서와 성공한 리더들에게 더욱 깊은 존경심을 갖는다.

그런 성과가 나올 때마다 성과의 주인공들은 승급을 하고, 소득이 늘어나면서 더욱 신나게 일하게 된다. 그리고 그런 주인공들을 스폰서나 리더들은 미팅과 세미나, 행사 때마다 무대에 올려 그들의 경험담을 통해 계속 성공의 신화(?)가 이어지게 한다. 그래서 초보 네트워커들이 미팅에 빠지지 않고 꾸준히 나가다 보면 그런 열정을 배우고, 복제하면서 성장하는 것이다.

결과는 행동으로

열정적인 리더가 많은 그룹과 센터는 활력이 넘치고 뭐라도 되는 분위기다. 고객을 초대하면 금방 그 열정이 스며들어 고객의 마음을 흔들 수 있다. 그렇지 않은 그룹과 센터는 아무리 애를 써도 안된다. 그만큼 열정은 고객이나 초보 네트워커에게는 절대적인 영향력을 끼친다. 그러나 열정만 있다고 모두가 성공하는 것은 아니다. 그룹이나 센터에 열정만 존재한다면 시간이 흐를수록 열정이 있는 사람들만 남고 그렇지 못한 사람들은 점점 사라진다.

열정이 열매를 맺을 수 있도록 하는 것이 더 중요하다. 그것은 바로 '행동'이다. 즉 뜨거워진 가슴이 식기 전에 행동으로 결과를 만들어야 한다. 가슴은 쉽게 뜨거워질 수 있어도 행동으로는 쉽게 결과를 만들 수는 없다. 다양한 성격과 기질의 초보 네트워커들이기에 감동을 받았다고 모두가 똑같이 행동해서 빨리 결과를 만드는 것은 아니다. 경험과 지식, 간절함의 차이로 인해 성공한 리더들이 말하는 대로 똑같이 행동하는 사람은 극히 드물다.

그래서 성공한 그룹과 센터에는 '행동하는 방법'에 대한 노하우가 있다. 초보자가 행동하는 방법, 부업자가 행동하는 방법, 사업자가 행동하는 방법, 리더가 행동하는 방법 등 다양한 직급과 역할에 맞는 행동방법들이 있다. 그것을 꾸준히 반복해서 알려준다.

더 적극적으로는 그 행동방법을 훈련시킨다. 매우 구체적이고 세세한 부분까지 알려주거나 훈련을 시키는 것이다. 아마추어 네트워커를 프로 네트워커, 즉 셀프 리더가 되도록 도와주는 것이다. 그것을 도와줄 수 있는 존재는 중간 리더가 좋다. 초보 네트워커와 직급의 차이가 많이 나지 않으면서도 언제든지 현장에서 솔선수범하며 직접 보여주고 알려줄 수 있는 위치이기 때문이다. 말로만 가르쳐주는 것이 아닌, 자신이 그동안 행동방법으로 결과를 만든 노하우를 직접 알려주는 것이다. 즉, 탑 리더는 'Why(왜)?'에 대한 열정을, 중간 리더는 'How(어떻게)?'에 대한 행동으로 결과를 만드는 방법을 알려주는 것이다.

믿음의 속도와 성과

"왜 이제야 그것이 믿어지는지 저 스스로가 너무나 한심할 뿐입니다. 분명히 1년 전에 원장님께서 '그 스폰서는 믿을만하니 절대 떨어지지 말고 꼭 옆에 붙어있어라'라고 말씀을 하셨고 저는 '예, 꼭 그러겠습니다!'라고 자신 있게 대답했었는데, 그 약속을 지키지 못하고 3개월도 못 버티고 제가 떠났지요. 그 약속을 지켰다면 저도 지금 스폰서와 함께 그 멋진 장면의 주인공이 되었을 텐데…."

공공기관의 문화센터에서 15년 동안 꽃꽂이 강사로 활발한 활동을 하다가 손목에 이상이 생겨 병원에 다니며 재활하던 중 꽃꽂이 제자로부터 네트워크마케팅을 권유받았던 신유신 씨. 노동소득이 아닌 권리소득에 대한 네트워크마케팅의 매력에 빠져 밤낮을 가리지 않고 열정적으로 활동했지만, 제자였던 스폰서의 차분하고 온화한 성격이 늘 답답해서 일이 잘 안된다고 불평불만을 했다. 그러다가 필자가 진행하던 시스템 교육에 함께 참여했다가 신유신 사장과의 면담에서 그것을 알게 되었고, 필자는 오히려 스폰서가 미래 큰 그릇의 리더가 될 거라는 예감에 신유신 사장에게 스폰서를 절대적으로 믿고 따르라고 요청했던 것이다.

하지만 성격이 급하고 행동파인 신 사장은 3개월을 버티지 못하고 떠났다. 그리고 1년 이 지난 후 타 그룹에서 다시 사업을 시작했는데, 마침 회사의 글로벌 행사에서 바로 그 옛 스폰서인 제자가 백만장자클럽에 입성한 것을 본 것이다. 땅을 치고 후회해도 되돌릴 수 없게 됐다. "신 사장님, 네트워크마케팅은 '믿음'사업 입니다. 빨리 믿으면 빨리 성과를 이룰 수 있고, 늦게 믿으면 그만큼 성과도 늦지요. 회사와 제품을 빨리 믿을수록 좋고, 더 빨리 믿어야 하는 존재는 바로 '스폰서'입니다. 스폰서는 세상에서 가장 가까운 자기편이니까요."

믿음의 속도

초보 네트워커가 저지르는 실수 중 하나는 스폰서의 능력에 의존을 너무 많이 하는 것이다. 네트워크마케팅은 경험과 지식이 없이 시작할 수 있기 때문에 초보 네트워커가 당연히 스폰서에게 의존할 수밖에 없는 비즈니스이지만 적당한 선을 넘어서면 문제가 심각해진다. 그 적당한 선은 스폰서가 지혜롭게 정하고 유지해야 한다. 그 선 이상은 팀이나 그룹의 시스템에서 지원받는다. 지원을 받는다는 것이 도움을 받는다는 것보다는 시스템에 참여해서 시스템에 의한 생각과 행동을 통해 해결하라는 의미이다.

그 선 기준을 필자는 고기를 잡아다 주는 과정에서 고기를 잡는 방법을 알려주는 과정으로 전환하는 시점이라고 말한다. 성공한 네트워커나 그룹에서도 이 부분을 잘 지키고 있다. 즉 초보 네트워커가 초보 딱지를 떼고 셀프 리더(self-leader)가 될 수 있도록 도움을 주는 것이다.

이때 대부분의 초보 네트워커가 스폰서와 적잖은 갈등을 빚게 된다. 그동안 적극적이고 헌신적으로 개인적 도움을 주던 스폰서가 자꾸 '팀 미팅'과 '그룹미팅'에 나가라고만 강조하니, '마치 자신을 귀찮은 존재나 이제는 별로 영양가(?) 없는 파트너로 취급하는 것 아닌가' 하고 오해하기 때문이다.

이때 초보 네트워커는 지금까지 그래왔던 것처럼 스폰서를 절대적으로 믿어야 한다. 자신의 생각이나 편견으로 스폰서를 생각하거나 평가하면 안된다. 스폰서가 가는 길이 자신도 앞으로 걸어가야 하는 길이다. 먼저 그 길을 앞에서 걸어가고 있는 스폰서는 방향을 알고 있고, 그 길을 안전하게 갈 수 있는 속도를 알고 있기 때문이다. 물론 그 스폰서도 역시 그의 스폰서를 믿고 따르고 있으니, 최종적으로는 팀과 그룹의 스폰서와 리더들은 성공의 길로 함께 걸어가고 있는 것이다.

성과의 속도

초보 네트워커와 스폰서가 갈등이 생기는 것은 스폰서가 자신보다 나이가 어리거나 사회 경험이 적을 때, 가족, 친구, 친척, 동료 등 과거 가까운 지인이었던 스폰서, 성격이나 기질이 자신과 많이 다른 스폰서라고 느꼈을 때이다. 한 마디로 자신보다 경험과 지식·능력이 그렇게 뛰어나지 않다고 느꼈을 때 스폰서에 대한 믿음이 약해지면서 스폰서가 말하거나 요청하는 것에 대해 적극적인 반응을 보이지 않게 되면서 비즈니스 속도가 늦어지게 된다.

　평범한 사람들이 네트워크마케팅에서 성공할 수 있는 것은 이미 성공한 수많은 성공자들이 만들어 놓은 '시스템' 덕분이다. 그 시스템은 '조직의 습관과 문화'가 담겨져 있기에 그것을 배우고 익혀 실천하면 누구든지 성공할 수 있다.

　스폰서는 먼저 그 시스템을 배우고 익힌 존재이기에 그 스폰서가 말하고 행동하는 모든 것이 그 사람의 개인적 생각이나 행동이 아닌 성공한 시스템에 의한 생각과 행동이기 때문이다. 성과가 좋아서 행사 때마다 유난히 무대를 돋보이게 채우는 팀이나 그룹을 보면 공통적으로 하는 스피치 내용이 있다. '저는 네트워크마케팅이 처음인 평범한 사람이었는데, 그냥 스폰서와 그룹의 시스템대로 했더니 이런 자리까지 올라오게 되었습니다'라는 말이다.

　이것이 많은 사람들에게 비즈니스 성과를 빨리 얻을 수 있게 만드는 지름길이다. 사람들이 모인 조직에서 왜 갈등과 시기, 질투와 같은 것이 없겠는가? 하지만 성공하는 그룹은 그 갈등의 요인들을 '시스템'으로 해결하고 있다.

　초보 네트워커가 빨리 셀프 리더가 되어 성공하고 싶다면 자신의 과거 경험과 지식으로 스폰서를 판단하지 말고 믿고, 믿고 또 믿으며 시스템의 중심으로 다가갈 수 있도록 노력해야 한다. 빨리 성공하고 싶은 만큼, 크게 성공하고 싶은 만큼, 올바르게 성공하고 싶은 만큼 믿어라. 그 믿음만큼 성과의 속도도 빨라질 것이다. 그 믿음만큼 성과의 크기도 커질 것이다. 개인의 능력이 아닌 시스템으로 성공할 수 있다는 것을 그 누구보다도 강한 확신을 가져라. 성공은 믿음만큼 이룰 수 있다.

명품 네트워커의 탄생을 기대하며

"길을 잃고 헤매고 있을 때 훌륭한 스승님을 만나 성공시스템을 배운 후 네트워크마케팅의 진정한 가치와 본질을 알게 됐고, 명품 네트워커가 되는 훈련을 통해 저는 이렇게 새로운 인생의 주인공이 됐습니다"

30년 이상 네트워크마케팅 현장에서 매 순간마다 혼신의 힘을 다해 쏟아 부은 것에 대한 성과 중 가장 보람된 순간은 바로 이런 스피치를 들을 때이다.

스승과 제자라는 인연으로 시작된 헤아릴 수 없이 많은 네트워커가 있다. 그중 초심을 잃지 않고 꾸준히 올바른 길을 뚜벅뚜벅 걸어가 정상에 우뚝 선 제자들의 이런 스피치는, 가슴속에 응어리져 바위처럼 딱딱하게 굳어진 시커먼 응어리를 한순간에 깨끗하게 녹여버린다.

멋지게 성공한 제자들이 무대에서 감동적인 스피치를 하는 모습을 보면 나는 또다시 새로운 꿈을 꾸기 시작한다. '이제는 나도 마음 편하게 살아야겠다'라며 게을러지려 했던 마음이 사라진다. 그리고 제자들을 훈련할 때 내가 강조했던 말이 메아리가 돼 나에게 다시 돌아온다.

'당신의 말과 행동 하나하나가 수많은 사람들의 인생을 바꾼다는 것을 기억하십시오'

이렇게 꿈을 꾸고 꿈을 이루는 것이 신기하게도 계속 반복되고 있었다. 그렇게 나도 모르는 사이에 벌써 30년이 훌쩍 지나버렸다. 하지만 30년 전, 20년 전, 10년 전의 일들이 마치 엊그제 있었던 일처럼 너무나도 또렷하다. 그 덕분에 현재 만나는 제자들에게도 그 시절의 이야기들을 마치 어제의 일처럼 전달할 수 있었던 것 같다.

이런 현장의 생생한 이야기들을 매달 넥스트이코노미에 올렸던 칼럼 연재가 어느덧 20년이 넘었다. 넥스트이코노미 홍윤돈 발행인에게서 그동안의 칼럼을 모아 책으로 엮으면 어떻겠느냐는 제안을 받았을 때, 장편 드라마를 한 편의 멋진 영화로 만드는 듯한 기분이 들어 무척 기대가 됐다.

나에게 주어진 시간적·공간적 제약 때문에 교육 현장에서 만

에필로그

날 수 있는 네트워커의 수가 제한적이었는데, 이 책을 통해 그 한계가 조금이나마 해소될 수 있으리라는 기대를 갖는다.

이 책에 나오는 이야기는 모두 네트워크마케팅 현장의 사례들이며, 개인적 또는 조직적으로 컨설팅을 진행했던 내용들이다. 각 주제에 등장하는 실제 주인공들의 이름은 그들의 프라이버시를 지켜주기 위해 가명으로 처리했다.

네트워크마케팅의 성공 시스템과 문화에 대한 모든 것을 이 책 한 권에 담았다. 쉽고 재미있게 이어지는 유익한 이야기를 읽는 동안, 진정한 명품 네트워커가 되는 비밀을 자연스럽게 발견하게 된다. 마지막 페이지까지 읽고 나면, 당신은 그 비밀의 해답을 이미 손에 쥐었을 것이다.

나는 교육과 훈련을 할 때마다 '자세가 전부다'라는 말을 강조하며 제자들의 자세를 바로 잡도록 한다. 이러한 이유로 이 책의 시작을 리더의 자세라는 주제로 제1부의 문을 열었다. 자세를 바르게 하는 연습을 반복하면 생각의 질과 양이 향상되고 확장된다. 당연히 비즈니스의 품격과 크기도 이에 비례해 함께 성장하게 된다.

나에게 교육과 훈련을 받은 제자들이 공통적으로 하는 말은 '원장님의 교육을 받은 후 제가 네트워커라는 것이 자랑스럽고 품격 있는 비즈니스를 하고 있다는 자부심이 갖게 됐다'는 것이다. 이는 '자세'에 대한 올바른 인식을 배운 결과이다. 명품과 짝퉁이 겉모습은 비슷해 보여도 품질 자체가 다르듯, 명품 자세는 겉으로 꾸미는 것이 아니라 꾸준히 단련하며 하나하나 만들어 가는 것이다.

　나는 네트워크마케팅 현장에서 참 괜찮은 수많은 네트워커들이 비즈니스를 열심히 하다가 중간에 포기하고 떠나는 것을 많이 봤다. 하지만 그들을 붙잡는다고, 설득한다고 다시 돌아올 수 있는 것은 아니었다. 그저 지켜만 보면서 안타까운 마음에 속으로 눈물을 흘린 적도 많았다.

　그들에게 성공의 길로 안내를 한다고 해도 그들 스스로가 그 길로 걸어가지 않는다면 아무 일도 일어나지 않는 것이다. 그 길에는 이미 앞서 간 선배들이 많이 있는데도 그 선배들의 발뒤꿈치가 잘 보이지 않았나 보다. 내가 젊은 시절 군대에서 힘겨운 행군을 할 때 선배들이 했던 말이 '앞에 가는 사람 뒤꿈치만 보고 걸으면 이탈하지 않고 무사히 갈 수 있다'는 것이었다. 그래서 제2부에서는 네트워크마케팅 선배들의 발뒤꿈

에필로그

치와 같은 성공의 길로 가는 방법을 자세히 알려줬다.

네트워크마케팅에서 가장 큰 성장은 바로 조직 관리를 통해 이뤄진다. 경험과 지식과 환경과 성격과 기질이 다른 수많은 사람들을 관리하고 육성을 하다 보면 자연스럽게 리더십과 자기 개발이 된다. 이로 인해 필요에 의해 만들어진 것이 바로 '시스템'이다. 네트워크마케팅 성공의 핵심인 시스템은 보이지 않는 성공의 비법이며, 제3부에서 다룬 조직 관리의 본질이다. 시스템을 잘 다루는 리더는 크게 성장하고, 그렇지 못하면 실패자가 될 수 있다.

'가화만사성(家和萬事成)'이란 말처럼, 네트워크마케팅에서 오래도록 존경을 받고 꾸준히 성장하는 그룹의 리더는 우선 자신을 잘 돌본다. 그 후 타인도 잘 돌본다. 즉 가정이 화목해야 세상의 큰일도 잘 할 수 있듯이, 성공한 네트워커는 자신의 또 하나의 가족인 스폰서, 파트너와의 인간관계를 매우 소중하고 귀하게 여긴다. 제4부의 이야기는 인간관계 비즈니스의 꽃인 네트워크마케팅에서 명쾌 상쾌 유쾌하게 사람들과 어울리며 멋지게 성공할 수 있는 사례들을 풀었다.

AI시대를 맞이하면서 수만 개의 직업이 순식간에 사라지고, 수천 개의 새로운 첨단기술과 직업이 만들어지고 있다. 네트워크마케팅에도 새로운 도구와 기법들이 접목되고 있다. 하지만, 본질적인 인맥유통(人脈流通)의 시스템은 유지되고 있고 앞으로도 변치 않을 것이다. 즉 인간 중심의 비즈니스 형태는 계속될 것이다. 그렇다면 더욱더 네트워크마케팅의 신비로운 성공비결을 배워야 하는 것이고, 이 책이 바로 그 성공비결을 명쾌 상쾌 유쾌하게 해석해 줄 것이라고 믿는다.

부디 이 책을 보는 모든 네트워커들이 멋진 명품 네트워커가 되길 바란다.

2025년 12월 **우종철**